나는 왜 나를 사랑하지 못할까

"내가 인생에서 가장 중요하게 여기는 것은
최대한 행복하고 만족스럽게 살아가는 것입니다.
자신과 자신의 삶에 만족하는 사람만이
다른 사람과도 만족스럽고 좋은 관계를 가질 수 있습니다.
**자기 스스로 안에서 행복을 찾지 못한다면 어디에서도
행복을 찾지 못할 것입니다. 스스로가 행복해지는 것에 대해서
절대로 포기하지 않았으면 좋겠습니다."**

롤프 메르클레

롤프 메르클레

대학에서 심리학을 전공했고, 알코올 중독 전문 병원에서 심리치료사로 일했다.
2년 동안 행동치료, 대화치료, 인지정서 행동치료 등 여러 가지 치료법을 배우고 적용한 뒤
병원을 그만두고 6개월간 미국 켄터키 주립대학에서 공부했으며 미국에서 돌아와 아내이자 동료인
도리스 볼프와 함께 만하임에 심리치료실을 열었다.
많은 환자들을 접하는 동안, 자신의 지식과 경험으로 더 많은 사람들에게 도움을 주고자
책을 쓰게 되었고, 매일 같이 심리치료실에서 환자들에게 제공하는 방법과 조언을 책 속에 담아내어
좋은 반응을 얻었다. 인지 행동치료를 바탕으로 이해하기 쉽게 쓴 그의 심리조언서《감정사용설명서》는
10개국 언어로 번역되어 120만 명이 넘는 독자들의 사랑을 받았고, 의사, 병원, 상담소와
심리치료사들의 추천으로 많은 사람들의 치료에 활용되고 있다.

So gewinnen Sie mehr Selbstvertrauen by Rolf Merkle
© 2012 PAL Verlagsgesellschaft mbH, Mannheim, Germany All Rights Reserved.
Korean Translation copyright © 2023 by The Wings of Thinking Publishing co., Korea
The Korean edition was published by arrangement with PAL Verlagsgesellschaft mbH,
Mannheim, Germany through Literary Agency Greenbook, Korea.

나는 왜 나를 사랑하지 못할까

쉽게 상처받고 주눅 드는 사람들을 위한 자기 사랑의 심리학

롤프 메르클레 지음 | 유영미 옮김

생각의날개

당신은 완벽하진 않지만
사랑받을 만한 사람이다

이 책은 자존감, 혹은 특별한 형태의 자신감에 관한 책이다. 즉 당신에게 잘못된 것이 없고, 있는 그대로의 당신으로 괜찮으며 사랑받을 만한 사람이라는 믿음에 관한 책이다.

많은 사람들이 그와 반대라고 생각하며 산다.

내면의 목소리가 끊임없이 당신은 부족하고, 이상하며, 열등하다고 이야기하기 때문이다. 내면의 목소리는 당신을 타이르고, 비난하고, 점검하고, 비하한다. 일거수일투족 당신을 따라다니며 까다롭게 지적을 한다. 내면의 목소리는 아주 설득력이 있어, 당신은 한마디 한마디 그 목소리를 귀담아 듣는다.

나는 이런 목소리를 내면의 비판자라고 부른다. 그 목소리가 당신에게 듣기 좋은 소리를 하지 않기 때문이다. 내면의 비판자는 끊임없이 당신의 실수나 약점을 지적하고, 신랄하게 비난을 하며, 당신을 괴롭힌다. 스스로 뭔가 부족하며 뭔가 잘못되어 있다는 느낌을 불러일으킨다.

나는 내담자들과의 수많은 대화를 통해 이런 부정적인 목소리가 우리의 가장 큰 적임을 알았다. 정신적 문제의 거의 대부분과 신체적 문제의 많은 부분이 내면의 비판자가 내리는 부정적인 판단 때문이다.

내면의 비판적인 목소리를 긍정적이고 따뜻하며 이해심 많은 목소리로 대치하면 정신적 문제들과 인간관계의 문제들 모두 눈 녹듯 사라지게 된다. 그러고 나면 내적으로 강하고 평온하고 자신감이 넘치는 사람이 되어, 인생의 장애물들을 성공적으로 뛰어넘을 수 있게 될 것이다. 그리고 자신에 대한 진실을 알게 될 것이다.

자신에게 뭔가 잘못된 것 같은 느낌이 들어도
당신에겐 아무것도 잘못된 것이 없다.
당신은 완벽하지는 않아도 충분히
호감가는 사람이다.

이 책은 당신에게 이런 깨달음을 전달하고자 한다.

이 책의 마지막 부분에서 당신은 새로운 친구를 발견하게 될 것이다. 이 친구의 좋은 점은 당신을 결코 떠나지 않고 필요로 할 때마다 늘 당신을 위해 있어준다는 것이다. 이런 좋은 친구는 당신의 '너'가 될 것이다. 그 친구를 기대해도 좋다.

이 책을 읽어나가면서 내가 했던 말을 자꾸 반복한다는 생각이 든다면 옳게 본 것이다. 나는 특별히 중요한 내용은 의식적으로 반복할 것이다. 끊임없이 떨어지는 물방울에 바위도 파인다는 것을 알기에.

자, 이제부터 흥미로운 여행을 시작해보자. 이 여행에서 당신은 자신에 대해 많은 새로운 것을 알게 되고, 자신에 대해 아직 몰랐던 면들을 알아가게 될 것이다. 당신의 여행이야기를 나에게도 들려준다면 아주 기쁘겠다.

당신의 여행가이드
롤프 메르클레

차례

PART 01

당신은 있는 그대로
사랑받을 만한 존재

PART 03

나 자신과
진정으로 화해하는 법

Part 01

Psychology of Self Love

당신은 있는 그대로
사랑받을 만한 존재

01

스스로를 인정하고
받아들일 준비가 되었는가

이 책은 심심풀이 땅콩으로 읽는 책이 아니다. 시간을 죽이기 위해 쓱 읽고는 영원히 책장에 처박아둘 책 또한 아니다. 반복적으로 읽고 내가 제안한 것을 연습하고 숙지할 때에야 도움을 받게 될 것이다.

어려울 것 같아 꺼려지는가? 어려운 건 사실이다. 당신의 비판자, 즉 당신이 너무나 부족하며 사랑받을 만한 사람이아니라는 마음을 불러일으키는 내면의 목소리는 당신의 일부분이 되어버렸고, 아주 강력하기 때문에 쉽사리 문밖으로 물러나지 않는다. 그리 쉽게 항복하지도 않는다. 어느 날 문 밖으로 몰아내는 데 성공했다 하여도, 어느 틈엔가 다시 뒷구멍으로 들어오고야 만다.

기존의 굳어진 생각과 태도를 변화시키려면 시간이 필요하다. 헛된 기대를 불러일으키고 싶지 않다. 스스로를 받아들이고 자신감 있는 사람이 되고자 한다면, 힘써 노력해야 한다.

하지만 다음 조언을 따른다면 좌절하거나 시간을 낭비하는 일을 막을 수 있을 것이다.

이 책을 제대로 활용하는 법

●

① 이 책을 읽고 연습하기 위해 다음 석 달간 매일 최소 30분씩 시간을 내라. 이 말을 읽자마자 신음이 나오는가? 너무 지나친 요구라는 생각이 드는가? 그렇다면 이렇게 묻겠다. 당신은 자신에게 어느 정도의 시간을 내어줄 만한 사람인가? 이것이 자신과 우정을 맺는 것이 당신에게 얼마나 중요한가를 보여주는 첫 번째 테스트이다. 당

신이 당신 자신을 위해 이런 시간을 낼 만한 마음이 없다면, 이 책을 친구한테 선물하는 것이 좋을 것이다.

② 스스로를 위해 시간을 내겠다고 결심했다면, 그 결심을 축하하는 바이다. 후회하지 않을 것이다. 다음 몇 주간 이 책을 계속 지니고 다니라. 각 장을 한두 번 읽는 것으로는 부족하다. 내용을 거의 외우다시피하고 있다는 생각이 들더라도 계속해서 읽으라. 끊임없이 새롭게 다가오는 부분을 발견하게 될 것이다. 무심코 읽었거나, 그냥 무심결에 넘겼던 부분들이 있을 것이다. 반복해서 읽는 것은 성공의 지름길이다. 약간 아는 것으로는 충분하지 않다. 필요할 때 딱 떠올라야 한다. 내면의 비판자가 공격해서 힘들 때마다 말이다. 그렇게 되려면 이 책의 조언을 내면화하여 피와 살이 되도록 해야 한다.

③ 일단 이 책을 빠르게 한번 훑으며 주제를 대충 파악하도록 하라. 그런 다음 차분히 읽으라. 뒤에 가면 마지막 부분에 연습이 나와 있는 챕터가 있다. 이 연습들은 읽은 내용을 더 심화시키고, 차츰 차츰 당신의 자존감을 고양

시켜줄 것이다. 연습들을 하나도 빼먹지 말라. 부탁이다! 자존감과 자신감을 높이기 위한 중요하고 필수적인 연습들이다. 약속할 수 있겠는가?

④ 책을 읽을 때는 꼭 연필이나 형광펜을 들고 읽다가, 중요하게 생각되는 문장에 밑줄을 그어라. 그러면 나중에 다시 한번 확인하고 싶을 때 불필요하게 찾아 헤매지 않아도 될 것이다. 그리고 이렇게 하면 읽은 부분이 더 잘 기억에 남을 것이다.

⑤ 늘 들고 다닐 수 있는 작은 수첩을 사서, 거기에 이 책에서 중요하다고 생각하는 내용을 적어놓으라. 글로 써야 하는 연습도 그 수첩에 적으라. 가죽장정으로 사든, 금박이 둘러진 것으로 사든, 되도록 고급스럽고 멋진 수첩으로 사는 것이 좋다. 보기만 해도 느낌이 좋고, 펴서 메모할 때마다 기분이 좋아지는 것으로 고르라.

⑥ 각 챕터의 마지막에는 '기억해두고 싶은 내용'이라는 칸이 있다. 이곳에 해당 챕터에서 개인적으로 중요하

게 다가왔던 내용을 적어놓으라. 중요한 내용을 자기 말로 정리해보면 기억에 훨씬 더 잘 남는다. 그 밖에 읽은 다음에 "무엇을 숙지했는가, 무엇이 중요한가?"를 물음으로써 배운 것들을 점검하면 좋다. 부디 이런 '숙제'들을 하길바란다.

⑦ 이 책의 마지막 장에는 스물여섯 개의 연습들이 제시되어 있다. 이 중 특히나 힘들게 다가오는 연습은 쉽게 느껴질 때까지 충분히 오래, 자주 실행하라. 내면의 비판자를 다루는 전략이 당신의 피와 살이 될 때까지, 효과가 감지될 때까지 충분히 오래, 자주 연습해야 한다.

내가 쓴 여러 권의 책 중에서 이 책이 가장 중요한 책이다. 정신적 문제들의 전부, 그리고 신체적 문제들의 다수가 오로지 한 가지 원인, 즉 자신을 거부하는 데서 비롯되기 때문이다.

스스로를 받아들이고 인정하는 것이
바로 행복하고 충만한 삶의 첫 번째 조건이다.

당신은 인생에서 가장 중요한 걸음을 뗄 준비가 되어 있는가? 즉, 스스로를 받아들일 준비가 되어 있는가?

이 질문에 "예"라고 대답했는가? 그렇다면 더 이상 시간을 낭비하지 말고 시작하도록 하자. 우선 당신이 스스로를 거부하거나 심지어 미워하면 어떤 결과가 나타나는지 살펴보자.

02

자존감이 낮아지면
생기는 일들

내담자들과의 무수한 대화를 통해 나는 스스로를 거부하는 것, 혹은 자기를 미워하는 것이 우리의 감정과 행동과 신체 상태와 인간관계에 부정적인 영향을 초래한다는 것을 경험하였다.

자존감에 문제가 있다고 해서 다음과 같은 문제들이 전부 나타나는 것은 아니다. 자기 거부의 정도에 따라 다양한 문제들이 나타나고, 또한 차이도 생긴다.

자존감이 낮아질 때 느끼는 감정들

•

두려움이나 공포감을 느낀다

스스로를 거부하는 사람들은 각종 두려움에 시달릴 수 있다. 가장 흔한 것이 거부당하면 어쩌나 하는 두려움, 비난당할 것에 대한 두려움, 친밀함에 대한 두려움, 거절에 대한 두려움, 실수에 대한 두려움, 실패에 대한 두려움, 성공에 대한 두려움, 사회적인 두려움, (잘못된) 결정을 내리는 것에 대한 두려움, 웃음거리가 되는 것에 대한 두려움, 자제력을 잃는 것에 대한 두려움, 진정한 감정을 내보이는 것에 대한 두려움, 다른 사람들이 자신의 본 모습을 알게 되지 않을까 하는 두려움, 충분히 잘하지 못하면 어쩌나 하는 두려움, 새로운 것에 대한 두려움, 상실에 대한 두려움 등이다. 당신은 이런 두려움을 가지고 있는가?

우울감, 무력감, 절망감, 수치심,
죄책감, 자기 연민에 빠진다

자기 의심과 자기 혐오는 필연적으로 우울로 이어진다. 실수 때문에 자신을 판단하고 가치가 없다고 생각하고 변화의 가능성을 보지 못하면 무력감이 느껴지고, 자기 연민이 생겨날 수 있으며, 그 다음에는 이것밖에 못되는 자신에 대한 죄책감과 비난이 찾아온다. 그러고 나면 그렇게 약한 자신에 대해 화가 난다. 그 결과는 우울감이다.

우울해질수록 해야 할 일을 제대로 해내지 못하고 그럴수록 스스로를 더 가치 없게 여기며, 그럴수록 자존감은 땅에 떨어지고, 헤어나올 수 없을 것 같은 블랙홀에 깊이 빠져버린다.

토르스텐은 계속하여 우울감을 느끼고 있다. 그는 이렇게 말한다.

"내 문제는 늘 나 자신이 불만족스럽다는 거예요.
나는 나 자신의 요구에 부응할 수 없어요. 휴가 동안에

빈둥거리고 아무것도 하지 않으면 나는 나중에 대체 며칠간 한 게 무어냐고 나 자신을 질책해요. 계속해서 내가 좀 더 많은 것을 해야 한다는 생각이 들어요. 하지만 이런 생각은 동시에 나를 다시금 힘 빠지게 만들어요. 한편으로는 계속 일만 하는건 멍청한 일이라는 생각이 들기 때문이죠. 무얼 해도 죄책감이 느껴지고 무용지물이라는 느낌이 들어요. 도무지 제대로 할 수가 없어요."

과민해지고, 상처받고, 마음이 상하고, 모욕감을 느낀다

스스로에 대해 안 좋게 생각하는 사람들은 다른 사람들의 행동이나 말을 자신에 대한 거부나 비판으로 생각하기 쉽다. 주변 사람들도 자신에 대해 부정적으로 생각할 거라고 지레 짐작하기 때문이다. 다른 사람들이 어떻게 이런 호감가지 않는 나를, 완벽하지 않은 나를 좋아할 수 있겠는가라고 생각한다.

그리하여 자기자신을 거부하는 사람들은 계속해서 스스로 위험에 처해 있으며, 공격당했고, 피해를 입었으며, 상처를 받았다고 느낀다. 그결과 쉽게 모욕감을 느끼고 마음 상해하며, 섣불리 상심하고 아파한다. 그들의 신경계는 아주 불안정하다.

바네사의 동료들과 친구들은 그녀가 도무지 농담을 이해하지 못하고 미모사처럼 민감하다고 말한다. 바네사가 있는자리에서 누가 무슨 말을 하면 그녀는 곧장 그것을 자신과 관련 된 것으로 받아들이고 상처받거나 기분이 상한다. 그래서 아주 공격적인 반응을 하거나 침울해진다.

티나는 걸핏하면 스스로를 자책한다. 커피머신을 끄는 것을 잊어버릴 때마다 스스로에게 너무나 화가 나서 '이 멍청아, 네가 도대체 제대로 하는 게 뭐야?'라고 생각한다. 다른 사람들이 그녀의 실수를 지적하면 아주 발끈해서 속으로 '나를 아주 깔아뭉갤 셈이구먼. 나를 바보로 만들 작정이야?'라고 되뇌인다.

마르쿠스는 주변 사람들의 의견에 곧잘 휘둘린다. 동료의 비판을 들으면 그 말을 가슴 깊이 새기고는 인격적인 모욕감을 느끼고, 다른 사람들의 말에 그렇게 휘둘리며 비판을 그냥 듣고 넘겨버리지 못하는 '쫌생이' 같은 자신에 대해 화를 낸다. 싫은 소리 하나만 들어도 곧잘 며칠 밤 잠을 이루지 못하며 계속 그 말을 곱씹는다. 그는 왜 그리 다른 사람들의 말에 연연하고, 다른 사람들의 판단에 휘둘리게 된 것일까? 그 이유는 스스로와 자신의 능력을 경시하기 때문이다. 그는 자신이 도무지 일을 잘하지 못한다고 믿으며 자신과 자신의 능력을 확신하지 못한다. 그리고 다른 사람들도 자신에 대해 그렇게 생각하지 않을까, 그가 자신을 거부하듯 다른 사람들도 그를 거부하지 않을까 두려워한다.

시모네는 다른 사람들의 말을 곧이곧대로 받아들이지 않고 늘 저울질을 한다. 계속해서 다른 사람들이 자신의 신경을 긁어놓고 자신을 웃음거리로 만든다고 느낀다. 그리하여 다른 사람들의 소위 '공격'에 대해 날선 말로 대꾸를 하거나 쌀쌀하게 외면해버린다. 이런 태도로 인해 다른 사람들은 그녀를 아주 별나다고 생각하며 도무지 농담이 통하지 않는 사람이라고 혀를 내두른다.

자존감과 자신감이 떨어지고 소심해진다

자존감이 낮은 사람들은 자신있게 싫다고 말하거나 자신이 원하는 것을 말하면 다른 사람들이 자신을 거부할까봐 두려워한다. 그래서 소심하게 뒤로 빠져 있기 일쑤다. 화가 나도 속으로 삼키고 속에 꼭꼭 쌓아두다가, 어느 날 더이상 견디지 못하고 폭발하게 되면 아주 공격적이거나 냉소적이거나 폭력적으로 나가게 된다. 그러면 이런 행동으로 인해 다시금 스스로를 비난하게 되고, 또다시 자신이 뭔가 잘못 했다는 자괴감에 빠진다.

자존감이 낮은 사람들 중 다수는 수동적 공격으로 반응한다. 즉 자신의 화를 직접적으로 표현하지 못하고 간접적으로 표현하는 것이다. 이런 사람들은 곧잘 사람들에 대해 험담하고, 다른 사람들을 조종하며, 다른 사람들에게 죄책감을 불러일으킨다.

그러나 자존감이 낮은 사람들 중 아주 자신감 있고 공격적인 태도로 강한 성격을 과시하는 사람들도 있다. 그들의 모토는 '공격이 최상의 방어다'라는 것이다.

얀은 다른 사람들이 함께 있는 자리가 영 거북스럽다. 어떻게 행동해야 할지, 무슨 말을 해야 할지 잘 모르겠기 때문이다. 사람들 사이에 있을 때는 늘 고립된 느낌이고, 있으나마나한 사람이 된 듯한 기분이다. 대화를 할 때는 긴장이 되고 몸이 굳어진다. 대화가 끊길까봐 두렵기 때문이다. 대화가 끊기는 건 상당히 고통스러운 일이다. 그리하여 그는 상대의 이야기에 제대로 귀를 기울이지 못하고 늘 강박적으로 다음에 무슨 말을 할 것인지를 생각한다. 대화가 끊기는 걸 견디지 못한다.

다니엘은 종종 외로움을 느끼며 다른 사람들을 사귀기가 힘들다. 그는 말한다.

지금까지 이룬 성과들에 관한 한 나는 나 자신에 대해 아주 긍정적으로 생각하고 있어요. 공부도 잘했고, 경제적으로도 일찌감치 자립했고요, 상식도 풍부하고 전문지식도 많아요.
그러나 이 모든 것은 내게 중요하지 않아요.
다른 사람들은 열려 있고 자신 있고 거리낌 없이 사람들을 사귀고, 함께 어울려 즐겁게 지내는데 난 그렇지 못해요.

내 지식과 성공의 절반을 다른 사람이 가진 자신감과 자존감과 바꾸고 싶어요! 사람들과 어울리지 못하고 다른 사람들에게 잘 다가가지 못하는 나 자신이 미워요.

질투심을 느끼고, 집착하며, 분리불안에 빠진다

낮은 자존감은 언제나 질투를 동반한다. 스스로 충분한 매력도, 능력도 없다고 생각하는 경우 파트너가 다른 이에게 더 매력을 느껴 자신을 떠날지도 모른다고 두려워하게 된다.

자신의 매력에 대해 의심하게 되면, 자신이 과연 파트너에게 매력 있는 사람일까 자꾸 의심하게 되고, 더 이상 매력이 없지 않을까 하는 두려움은 분리불안 장애와 질투로 이어져, 상대에게 집착하고 상대의 일거수일투족을 감시하려는 증상으로 나타난다.

토비아스는 질투가 많다. 아내와 외출할 때면 몹시 괴롭다. 단 한순간도 아내에게서 눈을 떼지 못한다. 아내가 다른 남자에게 듣기 좋은 말을 하거나 관심이라도 보이면 토비아스는 아내가 자신을 떠나거나 배신하는 장면을 상상하며 전전긍긍한다.

자존감이 낮아질 때 이렇게 행동한다

●

완벽을 추구하며, 병적으로 성공에 매달린다

자존감이 낮은 사람들은 모든 일을 완벽하게 하고 실수를 하지 않으려고 안간힘을 쓰면서, 자신이 결코 열등한 사람이 아니라는 걸 자신과 다른 사람들에게 끊임없이 입증하고자 하는 경우가 많다. 그들은 어떤 대가를 치르고라도 성공하고자 하고, 이룬 것에 결코 만족하지 않거나 만족스러워하는 기간이 아주 짧다. 아직 충분하지 않다는 생각이 빠르게 되돌아온다. 자신을 증명하려는 욕구는 더 큰 성공을 통해서도 잠잠해지지 않는다.

나의 친구 미하엘은 직업적으로 꽤 성공을 했고 겉보기에 자신감과 자기 확신이 넘쳐난다. 세계 방방곡곡에 지인들도 많으며 경제적으로도 커다란 부를 이루었지만 만족할 줄 모른다. 아직 부족하며, 아직 만족할 만큼 되지 않았고, 돈도 아직 충분히 벌지 않았다는 느낌을 떨칠 수가 없다. 지인들은 그가 자존감이 낮고, 나아가 자신을 미워하는 사람이라고는 꿈에도 생각하지 못한다. 외모와 태도상으로 전혀 열등감이 엿보이지 않기 때문이다. 그는 성공한 남자의 전형이다. 그러나 감정적으로는 아주 불행하며 파트너 관계도 번번이 실패하였다. 근 30년을 열등감과 헛된 싸움을 벌인 뒤, 그는 이제 스스로 충만한 삶에 대한 희망을 포기하였다. 스스로 목숨을 끊지 않도록 막아주는 것은 자녀들과 병든 여동생이다.

억지 부리고, 아는 체하고, 다른 사람을 무시하고,
거만한 태도를 보인다

이런 행동양식은 자기 보호에 기여한다. 스스로를 높이고, 스스로 다른 사람보다 더 똑똑하고 잘난 사람으로 여기면서 다른 사람보다 우월하다는 느낌을 갖고자 하는 것이다. 이런 행동은 자신의 열등감과 강하게 맞닥뜨리지 않도록 해준다.

파비안은 다른 사람에게 아주 거만한 인상을 준다. 계속해서 다른 사람들을 헐뜯고 사람들의 잘못을 지적하며 다른 사람들을 주눅들게 한다. 동료들 사이에서는 억지 부리는 사람으로 낙인찍혔다.

외모에 대해 불만을 갖는다

독일 여성 중 자신의 외모에 만족하는 사람은 10퍼센트밖에 되지 않는다고 한다.최근에는 남성들도 외모에 불만을 가진 사람이 많다. 이들은 거울을 볼 때마다 괴롭다. 시선이 늘 문제 부위로 향하기 때문이다. 그들은 스스로와 자신의 몸을 싫어한다.

늙는 것을 거부하는 사람들도 있다. 그들은 나이에 맞게 보이고 싶지 않다. 성공을 하고 다른 사람들에게 받아들여지려면 언제나 젊고 생기 있어 보여야 한다고 생각하고 다른 사람들에게도 그렇게 말한다.

그리하여 뷰티산업과 화장품산업 종사자들은 점점 많은 사람들이 자신의 가치와 매력의 기준을 외모와 외적인 것에 두는 풍조에 환호성을 올린다. 하지만 그 어떤 화장품도, 그 어떤 성형수술도 손상된 자존감을 치료해주지는 못한다. 그 때문에 이런 사람들은 언제나 매력을 상실하면 어쩌나 하는 두려움을 안고 산다.

사브리나는 자신이 아주 매력 없고 못생겼다고 생각한다. 거울을 볼 때마다 스스로가 혐오스럽다. 다이어트를 계속하고, 마음에 들지 않는 부위 때문에 규칙적으로 피트니스 센터에 다닌다. 하지만 스스로가 보기에 그녀는 늘 미운 오리새끼일 따름이다. 그리하여 그녀는 품이 큰 옷으로 몸을 가리고는, 아무도 자신에게 주목하지 않게끔 되도록 소극적인 태도로 살아간다.

코리나는 다른 사람들이 있는 자리에서 자칫 잘못된 행동을 할까봐 몹시 두렵다. 말실수라도 하거나 미숙한 행동을 보일까봐 전전긍긍이다. 그녀는 자기보다 더 예뻐 보이는 사람을 보면 굉장히 기분이 나빠지고 자주 주눅이 든다. 그녀는 조명이 밝은 공간을 극도로 싫어한다. 다른 사람들이 자신의 외모에서 흠을 발견할까봐 두렵기 때문이다. 자신 없는 태도를 보이거나 얼굴이 붉어지기라도 한다면 그야말로 낭패라고 생각한다. 완벽하게 화장을 하고 꾸민 다음에라야 어느 정도 자신감이 생긴다. 그리하여 그녀는 그동안에 옷과 외모에 지나치게 신경을 쓰게 되었고, 다른 사람들과 어울릴 때면 시험을 치르는 것처럼 긴장되고 경직된다.

식이장애나 강박증, 중독에 빠지고
자해 행동을 하거나 성적 문제를 겪는다

많은 강박증과 중독들(알콜, 마약, 도박, 쇼핑, 섹스)은 열등감과 그로 인한 두려움에서 비롯된다.

계속해서 가스불은 껐는지, 다리미 코드는 뺐는지 점검하는 식의 강박증은 어린 시절 실수를 저질러서 벌을 받으면 어쩌나 하고 많이 걱정하며 성장한 경우에 나타나기 쉽다. 실수와 꾸지람을 피하기 위해 많은 사람들은 환경을 통제하고 모든 것이 제대로 되어 있는지 점검하기 시작한다. 이런 통제는 단기적으로는 두려움을 줄여준다. 그러나 세월이 흐르면서 그것이 강박증이 된다.

리사는 어떤 행동을 하기 전에 그 행동이 옳은지 여러 번 강박적으로 점검한다. 일을 할 때도 모든 것을 제대로 하고 있는지, 잊어버리거나 빠뜨린 것은 없는지 계속해서 생각한다. 왜 그럴까? 어린 시절 그녀는 잘못한 일이 있으면 늘 벌을 받았다. 부모님은 어떠한 것도 그냥 넘어가지 않았고, 늘 야단을 치고 꾸짖고 체벌을 했다. 그렇게 리사는 실수를 저지르면 아주 나쁜 결과가 초래된다는 것을 일찌감치 배웠다. 그녀는 자신과 자신의 능력을 의심하기 시작했고, 결과가 나빠지지 않도록 무슨 행동을 할 때마다 그것이 정말 괜찮은 것인지 미리 미리 점검하는 것이 습관이 되었다.

여성들에게서 나타나는 섹스 중독은 자기의심이 강한 여성들이 자신의 가치를 오로지 성적인 매력으로 확인하고자 하기 때문에 일어나는 현상이다. 남자들이 나와 자고 싶어 하고, 나를 원하는 한 나는 가치 있는 사람이라고 생각한다. 그리하여 이들은 자신의 시장가치를 계속해서 확인하려 든다. 이런 여성들의 경우 성적 모험 직후에는 스스로 확인받은 느낌이지만, 얼마 못 가 자신을 미워한다. 나이 들어 매력이 사라지면 자살하는 사례도 있다.

토머스는 성기능에 문제를 가지고 있다. 여자친구와 섹스를 하려는데 발기가 되지 않거나, 아니면 너무 흥분해서 금세 사정해버린다. 뭔가 잘못할까봐 걱정하거나 여자친구를 만족시키지 못할까봐 두려워하기 때문이다. 또한 그는 여자친구에 비해 자신이 많이 부족하다고 생각하며 여자친구를 잃어버릴까봐 두려워한다.

자존감이 낮아질 때
몸에 일어나는 변화들

•

계속해서 실수를 저지르지 않을까, 거부당하지 않을까 두려워하는 사람은 편안한 상태로 있지 못하고 긴장되고 신경이 곤두선다. 그러면 몸은 영원한 알람 상태 내지 스트레스 상태에 있게 되며 고혈압, 심혈관 장애, 위장 장애, 불면증 같은 전형적인 스트레스 증후군으로 반응을 한다.

능력을 보여주고 업적을 쌓고 성공을 함으로써 낮은 자존감을 상쇄하고자 하는 사람들은 계속해서 쫓기고 불안한 상태에 있게 된다. 그러다가 건강을 챙기지 못하고 스스로를 혹사하기 쉬우며 탈진(burn out) 상태에 놓이게 되는 수가 많다.

자존감이 낮아질 때
나타나는 일에 대한 태도

●

자존감이 낮은 사람들의 직업생활은 둘 중 하나의 형태로 나타난다. 목숨 걸고 출세하고자 하는 사람들이 있는 반면 자신의 능력보다 한참 뒤처진 채 머물러 있는 사람들이 있다. 한 부류는 기대에 못 미칠까 하는 두려움에 도전을 받아들이지 못하고 멀찌감치 물러나고 또 한 부류는 이를 악물고 성공과 업적을 통해 자신이 괜찮은 사람이고 괜찮은 일을 할 수 있음을 입증하고자 한다. 이런 사람들은 일중독자가 될 확률이 높다.

파트릭은 보험회사 직원이다. 여러 번 부서장으로 승진할 기회가 있었지만 매번 그 자리를 사양했다. 자신은 지금의 일에 아주 만족하며 그렇게 많은 책임이 주어지는 자리를 원하지 않는다는 이유였다. 그러나 내게는 사실은 부서장으로서 맡게 될 일을 제대로 해내지 못할까봐, 실패할까봐 두려워서 그랬다고 털어놓았다. 따라서 그냥 해온 일을 하는 게 편하며 승진을 포기하겠다고 했다. 그러나 상사는 승진을 거부하는 그를 탐탁지 않게 생각한다며, 이로 인해 힘든 일이 생기거나 해고당하지 않을까 걱정하고 있었다.

사라는 자신이 쓸모없고 도움이 되지 않는 사람이라고 생각했고 이런 마음은 그녀의 직업 선택에 영향을 끼쳤다. 뭔가 쓸모가 있고 도움이 되는 사람이 되기 위해 양로원 간호사가 되었던 것이다. 하지만 일을 쉬는 날이나 휴가를 가면 계속해서 아무 쓸모도 없고 불필요한 사람이라는 느낌이 들어 자꾸 우울해진다.

아니카는 물류회사의 비서로 일하는데, 직장에서 받는

과중한 스트레스로 인해 심신이 지친 상태에서 우리 치료실을 찾아왔다. 그녀는 주로 남성들이 일하는 회사에 근무하며 갖가지 잡무에 시달리고 있다. 스스로의 의견을 강하게 밀어붙이지 못하고 거절도 잘 못하기 때문에 남자 직원들은 자기들의 일까지 그녀의 책상 위로 밀어놓을 때가 많다. 그러다 보니 원래 그녀의 소관인 업무들은 자꾸만 늦춰지기 일쑤여서, 야근을 밥 먹듯이 하고 주말에도 밀린 일을 처리하러 출근한다. 남성 동료들에게 자신이 할 일은 자신이 하라고 이야기하고 싶지만 도저히 그렇게 하지 못한다.

자존감이 낮아질 때
빠지기 쉬운 인간관계 함정들

●

인간관계에 문제가 있는 경우, 그것이 친구와의 문제든 배우자와의 문제든 간에 낮은 자존감이 주된 원인인 경우가 대부분이다.

인간은 스스로를 받아들이고 사랑하는 바로 그만큼만 다른 사람들에게서 인정받고 사랑받기 때문이다.

> 스스로를 거부하는 사람은
> 친구들이나 배우자의 말과 행동을
> 자신에 대한 거부와 비판으로 해석한다.

이것은 비난, 싸움, 파트너십의 문제들로 이어진다.

게다가 우리가 스스로를 경시하면, 상대의 마음에 들고자 전전긍긍하게 되고, 상대를 잃지 않고 상대에게 사랑을 받고자 안간힘을 쓰게 된다. 상대가 이런 우리의 수고에 제대로 된 보상을 해주지 않으면 이용당하는 듯한 느낌이 들게 되고 자신의 어리석음에 대해 화가 나고, 상대에게 그렇게 많은 것을 준 것에 대해, 그리고 우리가 주는 것에 비해 별로 베풀어 주지 않는 상대에게 화가 난다.

자존감이 낮은 사람들은 감정적으로 신체적으로 스스로를 이용당하게끔 조장하는 경향이 있다. 스스로를 가치 없다고 여기며 자신이 그런 나쁜 대접을 받아도 마땅하다고 생각한다.

이본느는 배우자에게 구박당하고 욕설을 듣고 신체적으로도 학대를 당하고 있다. 그녀는 말한다.

"스스로를 사랑받을 만하지 않다고 생각하는 사람은
파트너에게서 사랑을 확인받는 것을 필요로 해요.
그러면 이제 파트너에게 완전히 종속되지요. 파트너가 피해를 입히고
구박을 해도 헤어질 수 없어요. 파트너 없이는
결코 삶을 지탱하지 못하니까요. 가장 안 좋은 것은
자기 혐오예요. 나는 이런 식으로 살아가는 내가 너무
싫어요. 남편은 나를 이용하고 난 그걸 알아요.
그리고 그걸 용인해요. 이 얼마나 어리석은 짓이에요?
나는 내 눈을 쳐다볼 수가 없어요. 벗어날 수 없을 만큼 약해
빠진 내가 너무나 싫기 때문이에요."

한스-위르겐은 아내가 자신을 못마땅하게 생각한다는 느낌을 받을 때마다 거의 뚜껑이 열릴 지경이 된다. 이런 일은 자주 일어난다. 아내가 뭔가 할 일이나 부부 동반 모임 같은 것을 잊지 않도록 상기시키면, 그는 화가 머리끝까지 치솟는다. 그래서 아내에게 왜 자기를 그렇게 어린

아이 취급을 하느냐고, 자신을 사랑한다면 좀 더 믿어줘야 하는 것 아니냐고 소리를 지른다. 이렇게 한바탕하고 나면 부부 간에 며칠씩 말을 하지 않고 냉전기를 갖는다.

알렉스는 아내가 그의 말에 동의하지 않으면 쉽사리 자제력을 상실한다. 거의 발작을 하듯이 분을 터트리며 아내에게 손찌검을 한다. 무엇보다 술에 취해 있을 때는 더욱 심해진다. 심리치료 중에 그는 곧잘 운다. 그는 아내를 학대하고 싶지 않지만 때로 "자기도 모르게 회까닥한다"고 한다. 아내가 자신의 말에 토라도 달면 아내가 자신을 무시한다는 느낌이 들고, 소리 지르고 주먹이 날아가는 것밖에는 다른 행동을 할 줄 모른다.

코르넬리아는 늘 외로움을 느끼고 우울한 상태에 있다. 누가 자신을 식사에 초대하면 상대가 별다른 계획이 없다 보니 시간이나 때우려고 자신을 불렀다고 생각한다. 자신은 우선적으로 초대받을 만한 인물이 못 되며 상대에게 아무것도 줄 것이 없다고 생각한다. 누군가 자신의 의견을 물어오면, 그냥 예의상 묻는 거라고 생각한다.

제니퍼는 25세다. 싱글이고 아주 외로우며 '엄청나게 불행하다'고 느끼고 있다. 간혹 남자에게 호감을 느끼지만 거절당할까봐 절대로 티 내지 않는다. 남자가 만나자고 하면 곧장 꼭꼭 숨어들어가, 만날 수 없고 사귈 수 없는 핑계들을 대기 바쁘다. 상대방과 오랫동안 함께 하다 보면 자신의 '열등한'면모를 들키게 될 거라고 지레 겁먹고 두려워하기 때문이다. 이런 두려움은 아버지에게서 비롯되었다. 예전에 아버지는 그녀에게 이렇게 말했다. "어떤 남자가 너 같은 애를 오래 참아줄 수 있겠냐. 별 볼일 없다는 걸 알게 되면 금세 도망갈 거다." 이런 실망을 겪을까봐 그녀는 누구하고도 친밀한 관계에 들어가지 못한다.

코니는 늘 사람들이 자기를 좋아하지 않고 이해하지도 못 한다고 생각한다. 그녀는 아주 매력적인 사람이고 인기도 꽤많다. 하지만 아무리 사람들이 잘 대해주고, 좋아해주어도 그녀는 늘 조롱당하는 기분이다. 자신이 '구제 불능'이며 전혀 무가치하다고, 그래서 아무도 그녀를 진정으로 좋아할 수 없다고 믿는다.

앙겔리카는 남자친구가 생기기를 간절히 바란다. 그러나 거절당하는 것을 '어마어마하게 두려워하고' 있다. 그래서 모든 남자들에게 거리를 두며, 데이트 신청을 받아도 마음을 열지 못한다. 그녀는 자신이 전혀 호감가는 타입이 아니며, 데이트 신청을 하는 남자들은 자신을 이용하려 할 뿐이라고 생각한다.

안 좋은 이야기들 투성이다. 그러나 자존감이 낮은 것 때문에 얼마나 괴롭든 간에 스스로를 더 받아들이는 법을 배워 기존의 문제들과 불행한 상태에 종지부를 찍을 수 있다.

다음 장에서는 내면에서 끊임없이 비판하고 판단하고, 늘 부족하다는 느낌을 주는 부정적인 목소리가 대체 어디에서 비롯되었는지를 살펴보기로 하자.

자신에 대한 판단보다

광범위한 결과를 가져오는 판단은 없다.

그러므로 자기 자신에 대한

진실을 아는 것이 중요하다.

자존감을
떨어뜨리는 것들

03

당신은 태어날 때부터 자존감이 낮고
열등감이 심했던 게 아니다.
성장과정에서 이런 것들을 습득하고
스스로를 안 좋게 생각하도록 배웠다.

어떻게 그럴 수 있었을까? 생후 7년간 부모님 집에서
경험했던 일들, 나중에 동년배 친구들과 어울리며 경험했
던 일들이 당신이 뭔가 부족하다는 느낌을 각인시켰다.
이런 느낌을 생겨나게 한 경험들은 어떤 것들이었을까?

부모가 정한 규칙이 당신을 옭아매고 있다

•

어린 아이들은 부모 말을 곧이곧대로 믿는다. 아이들에게 부모는 가톨릭 신자들에게 있어 교황처럼 위엄 있는 존재다. 부모가 무슨 말을 하고 어떤 행동을 하건 그들은 절대적으로 옳다. 부모가 나쁘다고 하면 나쁜 것이다. 꼬마들이 어떻게 좋고 나쁜 것을 분간할 수 있겠으며, 옳고 그른 것을 판단할 수 있으랴. 꼬마들은 우선 부모를 통해 배운다.

어린 아이들은 스스로는 판단능력이 없고 부모가 옳다고 여기므로, 꾸지람이나 체벌을 당하면 당연히 자기가 뭔가 잘못을 저질러서 혼난다고 생각한다.

게다가 아이들은 본능적으로 부모 없이는 한시도 살아갈 수 없음을 알고 있으므로, 부모의 사랑을 잃어버리지 않는 것이 특히 중요하다고 느낀다.

자신의 행동 때문에 부모에게 더 이상 사랑받지 못한다고 느끼는 아이는 부모의 감정적 거부를 생명의 위협으로 생각한다. 그리하여 부모의 말을 가슴에 새기고 또 다시 거부당하지 않도록 부모의 규칙을 받아들인다.

내면의 비판자는 바로 이렇게 태어난다. 사랑의 박탈이나 벌을 피하기 위해 아이들은 해야 할 것과 해서는 안 되는 것들을 내면화시킨다. 아이들은 속으로 이렇게 말한다.

"그런 행동하면 안 돼."

"그런 말을 해선 안 돼."

"그건 나쁜 거야."

그리하여 우리는 잘못을 저지르거나 바람직하지 못한 행동을 했을 때 부모가 우리를 꾸짖듯, 우리 자신을 꾸짖는다.

내면의 비판자는 어린 시절

아주 중요한 역할을 한다.

부모의 애정을 확인시켜주고 그로써

우리의 생존을 보장해준다.

해야 할 것과 하지 말아야 할 것을 내면화하는 것이 잘못된 것은 아니다. 규칙들 자체가 자기 거부와 열등감을 만들어내는 것은 아니다.

행동을 옳고 그른 것으로, 좋고 나쁜 것으로
판단하는 것이 문제가 되어버린 것은
우리와 우리 부모가 저지른 실수다.

행동을 인격과 동일시하는 착각

●

우리의 실수는 행동을 인격 내지는 인간으로서의 가치와 동일시한 것이다. 나쁜 행동을 하면 나쁜 인간이고, 비난받을 짓을 하면 비난받을 만한 인간이다. 부도덕한 짓을 저지르면 부도덕한 인간이고, 멍청하거나 어리석은 행동을 하면 멍청하고 어리석은 인간이다. 비정상적인 행동을 하면 비정상적인 인간이며, 소심하게 굴면 겁쟁이다. 잘못을 저지르면 결함이 있고 부족한 인간이다.

우리는 인격과 행동을 동일시했다.

좋은 행동을 하면 좋은 사람이고

나쁜 행동을 하면 나쁜 사람이라고

우리는 생각했다.

이런 우를 범하는 데 중요한 역할을 한 것은 부모였다. 부모로부터 들은 다음과 같은 말들이 우리로 하여금 그런 결론에 이르게 한 것이다.

"너 대체 생각이 있는 거니?"

"대체 뭐가 되려고 그러니?"

"왜 그렇게 바보 같이 굴어?"

"너 때문에 창피해 죽겠다."

"나이가 몇인데 그것도 못해?"

"널 자식이라고 기르는 내가 바보지."

"너 대체 정신이 있니?"

"너 때문에 속 터진다."

"이것밖에 안 돼?"

"게을러 터져가지고는……."

"네가 하는 일이 늘 그렇지 뭐."

"감사할 줄도 모르니?"

"또 무슨 말썽을 피우려고 그래?"

"이것 하나 제대로 못하니?"

"내가 못 살아 정말!"

생후 7년간 항상 그런 말을 듣고 자란 아이는 청소년이 되어서 자신이 뭔가 부족하다는 결론을 내리고 이렇게 생각한다.

"난 괜찮은 사람이 못 돼. 그렇지 않으면 부모님이 왜 나한테 늘 그런 말을 했겠어? 내가 좀 괜찮은 아이였더라면 부모님이 나를 좋아했을 텐데. 난 괜찮은 사람이 되려면 한참 멀었어."

이런 생각이 스스로를 인격적으로 거부하고 열등감을 갖게 하는 원천이다. 이렇듯 행동과 인격을 연결시키면 내면의 비판자가 우리의 인생에 커다란 해를 입히기 딱 좋은 상태가 된다.

우리는 특정한 욕구, 행동, 감정은 안 좋은 것이고,

우리가 이런 욕구, 행동, 감정을 가지고 있으면

우리도 안 좋은 사람이라고 배웠다.

자신이 안 좋은 상태라고 확신하면 완벽한 상태가 되어야 스스로를 받아들이고 인정할 수 있게 된다. 안 좋다는 것은 부족하다는 것과 동일한 의미이며, 불완전한 것은 열등한 것이다. 과연 그런가?

내면의 비판자는 이런 원칙을 내면화하였다. 그리고 아무리 노력해도 완전함에 도달할 수 없기에 내면의 비판자는 결코 만족하지 못한다. 그래서 비판자는 계속하여 부족하고 열등하다는 느낌을 불러일으킨다.

부모의 기대와 다른 삶에 대한 소망

•

당신은 결코 부모가 기대하는 대로 되고 싶지 않을 수도 있다. 당신은 '올바른' 삶에 대한 부모의 견해에 동의하지 않으며 당신은 부모와 다른 욕구와 소망을 가지고 있다. 우선순위도 부모와 다르다. 도덕적 표상도 부모와 다르다. 부모의 판박이가 되고 싶지 않다. 그리고 이제 당신은 성인이고 옳고 그름과 선악을 스스로 판단할 나이가 되었다.

문제는 내면의 비판자가 당신이 자신의 규칙에 근거하여 살고 부모의 규칙을 어길 때마다 계속하여 '레드카드'를 빼어든다는 것이다. 나름의 규칙을 정립하고 스스로 옳다고 생각하는 대로 살고자 하는데 내면의 비판자가 자꾸 양심의 가책을 불러일으킨다. "그러면 안 돼…… 그래서는 안 되고. 이렇게 저렇게 해야 해……"라고 말하면서 뭔가 부당한 행동을 하고 있는 듯한 느낌을 불러일으킨다.

내면의 비판자는 늘 당신을 보호해주고
불행, 즉 거절과 사랑의 박탈을
모면하게 해주어야 한다고 생각한다.
어렸을 때와는 달리, 내면의 비판자가
더 이상 도움이 되지 않는다는 사실을
누군가 그에게 미리 확실하게 알려주어야 했다.
그러나 지금도 늦지 않았다.
내면의 비판자에게 그 사실을
분명히 알려줄 시간이다.

나는 꽤 무난한 유년기를 보내었고 감정적 따스함이나 친밀함도 부족하지 않았다. 그럼에도 나는 자존감에 문제를 겪었다. 그도 그럴 것이 어릴 적부터 부모님은 내게 계속해서 의사나 치과 의사가 되라고 하셨다. 다른 직업은 안중에 없었다. 내가 나중에 심리학을 전공하기로 했을 때 부모님은 매우 실망하셨다. 그때 부모님에게 내 결심을 알리는 것이 얼마나 두려웠는지 지금도 기억이 난다. 나는 부모님이 화를 내실까봐 두려웠다. 만 열여덟 살에 말이다! 그러나 부모님은 내 의견을 존중해 결국 뜻을 굽혀주셨다.

그럼에도 나는 오래도록 제대로 된 직업을 선택하지 못한 듯한 기분에서 벗어나지 못했다. 부모님이 옳았고 내가 직업적 전망이 전혀 없는 길을 가고 있지 않은지 두려웠다. 그 결과 나는 오랜 세월 부모님께 내가 심리학자로 뭔가를 할 수 있다는 걸 보여주려고 애썼다.

부모님의 인정을 받고 싶다는 소망이 나를 몰고 갔다. 하지만 내가 무엇을 하고, 얼마나 애를 쓰고, 얼마나 성공을 하든간에, 내면의 비판자는 별로 감동하는 것 같지 않았다. 내면의 비판자는 계속해서 아직 부족하다고 말했고, 성공한(?) 사람들을 주목하게 했으며, 결국은 실패자가 되고 말거라는 두려움을 불러일으켰다.

몇 년 뒤 나는 내가 심리학자로서 얼마나 많은 월계관을 쓰든 간에 내면의 비판자를 도저히 만족시킬 수 없음을 깨달았다. 내면의 비판자가 하는 말을 믿지 않기로 하고서야 비로소 나의 삶이 변했다. 오늘날 나의 내면의 비판자는 상당히 목소리가 작다. 내게 더 이상 권력을 휘두르지 않는다. 내가 더 이상 그의 말을 믿지 않으므로, 나의 자존감이나 자신감을 더이상 깔아뭉갤 수가 없다.

부모의 애정을 잃어버릴지도 모른다는 공포

•

자녀들에게 부모의 사랑과 애정이 무엇보다 중요하다는걸 부모는 정확히 알고 있다. 그리고 의식적으로든, 무의식적으로든 이 사실을 이용한다. 자신들의 요구를 이행하느냐에 따라 사랑을 주기도 하고 박탈하기도 한다.

당신은 어린 시절 부모님으로부터 이런 이야기를 종종 들었을지도 모른다.

"그렇게 예의 없이 굴면 못써."

"머리를 깎지 않으면 봐줄 수가 없을 지경이구나."

"숙제를 다 하면 얼마나 예쁠까?"

"네 몫으로 나온 건 남기지 말고 다 먹어야 착한 아이지."

이런 말들 속에 숨어 있는 메시지는 다음과 같은 것이다.

"네가 얌전하게 굴어야만 너를 좋아할 수 있어. 머리를 깎아야지만 너를 좋아할 수 있어. 숙제를 하지 않으면 너를 좋아할 수가 없어. 음식을 남기면 넌 나쁜 아이야."

사랑을 박탈하겠다는 위협을 통해 그들은 당신에게 원하는 것을 얻어내고자 했다. 그리고 당신은 부모에게 밉보이지 않으려고 대체로 부모의 요구를 따랐다.

다른 사람들에게 인정받고 싶은 욕구

●

사춘기에는 모든 면에서 불안하다. 정체성을 찾아가는 와중에 있고, 자아상과 자존감은 부모와 가정의 영향으로 부정적으로 형성되어 있는 경우가 많다. 그럴수록 동년배들 사이에서 인정받고 확인받는 것이 중요해진다.

청소년기에 학교 성적이나, 가정 형편, 성격, 외모로 인해 이방인이라는 느낌을 받고 동년배들로부터 따돌림을 당하거나 놀림을 받거나 비웃음을 당한 경우 자존감에 부정적인 영향이 초래된다. 어린 시절 부모의 영향으로 이미 스스로 뭔가 부족하다는 느낌이 있었던 경우 이런 영향은 더 커진다.

사랑과 애정을 받으려면 다른 사람들이 내게 기대하는 것을 해야 한다고 생각하기 쉽다.

또한 특별한 조건을 충족시킬 때만 사랑받을 수 있다고 생각하는 것도 우리가 쉽게 빠지는 함정이다. 가령 "다른 사람들이 원하는 사람이 되어야만 그들의 사랑과 인정을 받을 수 있어. 다른 사람들의 마음에 들지 않는 일을 하면 그럴 수 없어" 같은 식이다.

당신은 자신의 가치를
다른 사람들의 판단에 종속시켰다.

그래서 우리는 성인이 되어서도 다른 사람들의 사랑과 인정을 얻으려고 애쓴다. 다른 사람들을 만족시키고 기분 좋게 하기 위해 하기 싫은 일도 마다하지 않는다.

거절하고 싶지만 그러지 못하고, 평화를 위해 아무 말도 하지 못한 채 우리는 우리 자신의 욕구와 바람을 억누른다. 다른 사람들이 나쁘게 생각할까봐 자신의 바람과 욕구를 충족 시키기를 두려워한다.

한번쯤 자신이 원하는 대로 할라치면 벌써 양심의 가책이 생기고 중한 죄라도 저지르는 것처럼 불편해진다. 이성적으로는 스스로 원하는 것을 할 권리가 있다는 생각이 드는데도 말이다.

열등감은 비교 속에서 태어난다

●

부모가 애호하는 양육수단은 형제들 내지 다른 집 아이들과 비교하는 것이다.

"네 형 좀 봐. 얼마나 열심이니. 그앤 뭐가 되도 될 거야."

"네 또래의 다른 아이들은 너보다 훨씬 똑똑해."

"네 친구 클라우스 좀 보렴. 걘 얼마나 얌전하니.

너처럼 까불지 않잖아."

이런 말들을 통해 우리는 다른 아이들은 우리 부모님이 좋아하는 특성들을 가지고 있고, 그래서 사랑받고 예쁨받는다고 생각하게 되었다. 그런 특성 내지 능력들을 가지고 있지 않는 한, 우리는 부족한 존재들이며 그것밖에 되지 않는 것을 부끄러워해야 한다고 느낀다.

이렇게 비교당하면서 우리는 세상에는 두 종류의 사람들이 있다는 걸 뼈저리게 의식하게 되었다.

좋은 사람들 │ 나쁜 사람들

사랑스러운 사람들 │ 혐오스러운 사람들

잘난 사람들 │ 못난 사람들

능력 있는 사람들 │ 능력 없는 사람들

인정받는 사람들 │ 무시당하는 사람들

우리는 스스로 이상형으로 설정한 사람들처럼
될 수 없기에 열등감을 느끼게 되었다.

내면의 비판자 역시 다른 사람들과 비교를 한다. 내면의 비판자는 다른 사람들이 당신에게 없는 것을 가지고 있지 않은지 유심히 살핀다. 돈이 더 많지는 않은지, 명성이 있지는 않은지, 더 똑똑하지는 않은지, 더 큰 집에 살지는 않는지, 더 잘생기거나 예쁘지는 않은지, 더 큰 차를 타고 다니지는 않는지, 학벌이 더 좋지는 않은지, 직업적으로 사회적으로 더 성공한 건 아닌지 등등.

다른 사람들에게 뒤처진 것이 있는 경우, 내면의 비판자는 당신에게 열등의식을 불러일으키며, 다른 사람보다 더 나아져야 한다고, 최소한 다른 사람만큼은 되어야 한다고 다그친다.

광고와 매스미디어는 이런 상황을 성공적으로 이용한다. 그들은 극소수의 사람들에게만 허락된 이상적인 외모를 선전한다. 그 결과 대부분의 여성들과 점점 많은 남성들이 자신들의 외모에 만족하지 못하며, 스스로가 매력 없다고 느끼거나 추하다고 여긴다.

몸은 다이어트, 성형수술, 주름제거 화장품, 피트니스 클럽, 피부 관리 등을 통해 수선해야 하는 적이 된다.

하지만 이런 적은 화장품이나 미용술로는 이길 수 없다. 적은 당신 안에 있기 때문이다. 비판자는 계속하여 당신에게서 고치거나 개선해야 할 결점과 불완전한 점들을 찾아낸다. 내기해도 좋다. 그것이 비판자의 일이다. 매력과 자기 가치가 외모에 달려 있다고 비판자의 말을 믿어주는 한, 계속하여 스스로 매력 없고 열등하다고 생각하는 한 말이다.

칭찬을 아끼거나 꾸지람이 잦은경우

●

자녀가 콧대 높고 교만해질까봐 걱정한 나머지 자녀의 정당한 자부심까지 깔아뭉개는 부모도 많다.

"성적 좀 잘 나왔다고 자만해선 안 돼."

"이제 됐다고 안심하지 마. 그 정도는 아무것도 아니야."

"제발 김칫국부터 마시지 마."

내면의 비판자는 자신의 능력을 자랑스러워하는 걸 용납하지 못한다. 특히 다른 사람들 앞에서는 말이다. 긍정적인 면을 끄집어내기라도 할라치면 내면의 비판자는 금세 자아도취니 자만심이니 하면서 가로막는다. 그의 모토는 자화자찬은 역겹다는 것이다.

다른 사람이 당신을 칭찬하거나 듣기 좋은 소리를 할 때면 내면의 비판자는 이를 기어이 망가뜨리고 만다. 상대방이 당신에게 잘 보이려고 사탕발림을 하는 것이라거나 그저 당신에게 상처주지 않으려고 하는 이야기라고 주장한다.

또는 상대가 당신을 좀 더 잘 알게 되면 금방 생각이 변할 것이라고 말한다. 때로 당신이 무슨 일을 해내면 그저 운이 좋거나 우연일 뿐이라고 이야기한다.

나의 내담자들 중 많은 사람들이 부모에게 늘 꾸지람만 들었을 뿐 결코 칭찬을 들어본 적이 없다고 원망한다. 대부분의 가정, 특히 능력과 직업적 성공을 중시하는 가정에서는 그런 경우가 많다.

한 심리학자의 계산에 따르면 많은 아이의 경우 만 다

섯 살이 되기까지 4만 번 이상의 꾸지람을 듣는다고 한다. 한 달이면 평균 약 666번, 하루에 22번의 책망을 듣는 셈이다.

잔소리를 많이 듣고 자란 데다 그 잔소리가 인격적으로 상처가 되는 소리였던 경우 ("이 바보야", "게으름뱅이", "구제불능", "돌대가리", "커서 뭐가 되려고 그러니", "제 정신이야?", "창피한 줄 알아야지" 등) 어쩔 수 없이 스스로를 의심하고 열등하게 여기고 죄책감을 느끼게 된다.

어릴 적 부모님과 주변 사람들로부터
자신이 세상에 하나뿐인 귀중한 사람이라는
이야기를 들었더라면 오늘날 스스로에 대해
긍정적인 상을 가지게 되었을 텐데 말이다.

실패와 좌절이 자신감을 위축시킨다

아이들은 스스로와 부모에게 자신이 뭔가를 할 수 있다는 것을 보여주고 싶어 한다. 하지만 종종 부모로부터 제지를 당한다. 부모는 이렇게 말한다.

"넌 아직 어려서 안 돼."

"가만 놔둬. 그러다 떨어뜨릴라."

"넌 아직 서툴러."

"넌 이해 못해."

"이 다음에 크면……"

그리하여 당신은 성인이 되어서도 스스로를 무능력하고 서툰 아이처럼 생각한다. 새로운 것, 미지의 것을 할라치면 내면의 비판자가 나서서 당신은 너무 머리가 나쁘다거나, 재능이 없다거나, 단순하다거나, 못 배웠다거나, 약하다거나, 예민하다고 지적하며, 아예 시도조차 하지 않는 것이 좋을 거라고 말한다. 내면의 비판자는 계속하여 "저 사람 좀 봐. 저런 사람이나 하지. 넌 반드시 실패할 거야"라는 말로 다른 사람과 비교를 하며 당신의 무능력을 환기시킨다.

어렸을 적 부모가 너무 과잉보호를 한 경우도 있다. 부모가 귀찮고 싫은 일을 모두 책임지고 자녀가 전혀 부정적인 경험을 하지 않도록 해주었을 수도 있고, 자녀가 신체적으로나 정신적으로 상처입을까봐 부정적인 상황이 벌어지는 걸 미리 알아서 아예 차단해주었을 수도 있다.

이런 방식으로 자녀는 좌절과 실망을 겪을 필요가 없을지도 모른다. 그러나 그런 경우는 성공경험도 맛보지 못하므로 건강한 자신감이 형성되지 못한다.

오히려 스스로를 아주 약한 사람으로 느낄 뿐 아니라, 정말로 약한 사람이 된다. 자신감은 근육과 같아서, 사용할 일이 없으면 위축되기 때문이다.

반대로 부모가 자녀의 정신적, 신체적 능력을 고려하지 않고 과중한 요구를 하는 경우도 있다. 그러면 자녀는 많은 실패와 좌절을 경험하게 되어, 스스로 재능이 없거나, 머리가 나쁘거나, 솜씨가 없다는 생각이 굳어지게 된다.

과중한 부담을 지우거나, 과잉보호를 했던 경우 모두,

약하고, 무력하고 열등하다는 느낌을 갖게 되고, 뭔가 부족하고 모자란다는 감정이 생겨나게 된다. 그리고 이런 마음은 왜 이리 기분이 비참해지는지 제대로 이유도 자각하지 못한 상태에서 계속하여 자신을 갉아먹게 된다.

감정표현을 지나치게 억눌렀을 때

●

부모님이 당신을 잘 돌보아주고 별로 꾸지람을 하지 않는 스타일이었는지도 모른다. 그럼에도 당신은 스스로 뭔가 부족한 사람이라는, 늘 스스로와 다른 사람들에게 뭔가를 입증해 보여야 한다는 마음으로 괴롭다. 대체 이런 마음은 어디서 온 걸까?

이런 경우 감정적 따스함을 제대로 경험하지 못해서일 수도 있다. 부모가 감정표현이나 애정 표현을 제대로 못한 경우, 부모가 자녀를 돌보아주고, 좋은 교육을 받게 해주고, 재정적으로 모자람이 없이 해주었을지라도 결핍감이 자리 잡을 수 있다. 부모가 스킨십이나 말로 자녀를 얼

마나 사랑하는지 보여주지 못하고, 친밀감이나 감정 표현
에 서툴렀던 경우, 스킨십이 거의 터부시되었던 경우 스
스로 뭔가 이상하다는, 그래서 사랑받지 못한다는 마음이
생겨날 수도 있다.

부모가 무관심한 스타일이었을 수도 있다. 자녀에게 잘
해 주지도, 엄하게 대하지도 않았을지도 모른다. 맞벌이
때문에 자녀에게 거의 시간을 내지 못했을 수도 있다. 그
러다 보니 부모님이 자신에게 관심이 없다는 느낌을 가지
게 되고, 관심을 받지도 못하고, 중요한 사람도 못 된다는
생각이 자리를 잡았을수도 있다.

부모가 화를 내거나 무서워하거나 슬퍼하거나 울거나
하는 등의 감정표현을 용인하지 않았던 경우도 있다. 못
난이들이나 그런 행동을 하는 거라며, 당신을 울보나 겁
쟁이라고 놀렸을지도 모른다. 울음을 그치지 않는다고 벌
을 받았을지도 모른다.

오늘날 내면의 비판자 역시 그런 감정을 보이는 걸 허
락하지 않는다. 자제하지 못하고 그런 감정을 내보이는
바보가 어디 있느냐고 말하면서 말이다. 당신이 두려워

하면 겁쟁이나 못난이라고 질책한다. 어느 누가 겁쟁이나 못난 사람이 되고 싶겠는가. 따라서 당신은 늘 자제력을 잃지 않고 강한 모습을 보이고자 한다. 인디언은 아픈 걸 모른다고 하지 않는가.

심리치료 중에 내담자가 눈물을 흘리며 때로 이렇게 말하는 경우가 있다. "내가 왜 이러는지 모르겠었요. 정말 어리석은 일이에요. 어린 아이처럼 행동하다니." 이렇게 말하는 사람들은 십중팔구 어린 시절 뾰로통해하거나 감정을 내보였던 일로 꾸지람을 듣거나 비웃음을 당했던 사람들이다.

별 뜻 없이 던진 말이 평생의 상처가 된다

•

내게 상담을 받던 35세의 하르트무트는 자신의 머리 뒷부분이 이상하게 생겼다고 주장하는 사람이었다. 다른 사람들보다 지나치게 평평하다는 것이었다. 뒷머리가 이상하게 생겼기 때문에 자신은 비정상적이고 못난 사람이라고 했다. 그 결과 그는 우울증에 걸려 불쑥불쑥 자살 충동까지 느끼고 있었다.

나는 그의 뒷머리를 보았지만 특별히 눈에 띄는 걸 발견할 수 없었다. 내가 보기에 그의 뒷머리는 다른 사람들과 별 다를 것이 없었다. 하지만 하르트무트는 내 생각을 도무지 받아 들이지 않았다. 자신은 여전히 뒷머리가 납작하고, 그 때문에 못난 사람이라는 것이었다.

어떻게 하다가 그런 생각을 하게 되었느냐고 묻자 그는 다음과 같은 이야기를 해주었다.

만 여섯 살 때쯤인가 그는 우연히 부모님의 대화를 엿듣게 되었다. 부모님은 아들의 생김새가 자신들이나 친척들을 닮지 않았다고 말했다. 그 이야기를 들은 하르트무트는 가슴이 서늘해졌고, 친척들의 사진을 유심히 보며 다음과 같은 결론을 내렸다.

> "부모님이 옳았어. 나는 정말 아무도 닮지 않았어.
> 다른 사람들과는 완전히 달라."

그 생각은 이렇게 나아갔다.

> "나만 뭔가 이상해. 나만 비정상적이고 못난 인간이야."

이후 계속하여 그는 이런 결론을 진실로 여겼다. 30년간 한 번도 자신이 이상하다는 것을 의심해본 적이 없었다. 자신이 이상하고 열등하다고 절대적으로 확신했고, 그렇지 않다고 말하는 모든 사람들은 단지 그에게 상처를 주고 싶지 않거나, 감히 사실을 이야기할 수가 없을 뿐이라고 해석했다.

뭔가를 확신하면, 가령 못생겼다거나 너무 뚱뚱하다거나, 인상이 나쁘다거나, 열등하다고 믿기 시작하면 우리는 다른 사람들이 뭐라 하든 막무가내가 된다.

우리 생각과 반대되는 말을 들어도 우리는 그 말을 믿지 않는다. 상대가 우리에게 아부하려고 혹은 진실을 말할 용기가 없어서 그러는 거라고 생각한다. 또는 우리에게 뭔가를 얻어내려고 사탕발림을 한다거나, 예의상 하는 말이거나, 혹은 상처받을까봐 그러는 거라고 생각한다.

내면의 비판자는 자신의 진실을 수호하기 위한 수많은 이유와 핑계들을 찾아내고, 이를 통해 다른 의견들은 받아들이지 않은 채 자신의 의견을 굳힌다.

부모도 불완전한 인간일 뿐

●

신체적 혹은 성적으로 학대당한 아이나 청소년은 자기가치에 대해 잘못된 인식을 갖게 되기 쉽다. 학대 경험은 자신이 아무 가치가 없고 이용 대상일 따름이라는 마음이 들게 한다. 그들은 스스로 방어하지 못하고 학대당한 것에 대해 스스로를 자책하고 경멸한다.

부모의 알코올이나 마약 문제도 자녀의 자존감에 악영

향을 끼친다. 부모가 술 마시고 들어와서 어떤 행동을 할지 예측할 수 없다 보니, 얻어맞지나 않을까 체벌당하지 않을까 늘 전전긍긍하게 되기 때문이다. 자녀들의 정신적 욕구는 전혀 고려되지 않는다. 신체적 학대는 종종 아주 정당한 내지 합당한 벌로 여겨지고, 아이들은 자신들이 부족하지 않다면 맞지 않을 거라고 생각한다.

부모의 폭력이나 성적 학대를 당한 경우는 추가로 심리치료사의 도움을 받는 것이 좋다. 심리치료를 통해 정신적 상처를 더 잘 극복할 수 있다.

지금까지 열거한 말에서 내가 모든 부모를 싸잡아 비난하는 듯한 인상을 받았을지도 모른다. 그렇지 않다. 책임 소재를 따지는 것이 중요한 것이 아니다. 반대다. 부모가 내게 심리치료를 받으러 와서 그들이 자녀 양육에 실패했다고 죄책감을 토로하는 경우 나는 최선을 다해 그들이 스스로를 비난하고 판단할 이유가 없다고 설득한다.

나는 거의 모든 부모가 자녀들을 사랑한다고 확신한다. 때때로 그렇게 보이지 않음에도 말이다. 그들이 자녀들에게 매몰차게 대하는 것은 자녀들을 너무나 사랑해서이거나, 부모 자신의 문제와 나약함과 걱정 때문이다.

그렇지 않다면 부모들이 뭐 하러 그렇게 자식에게 거부당할 위험을 무릅쓰겠는가? 부모도 자녀들이 자신들을 사랑해주기를 간절히 바란다. 자녀를 사랑하기에 자녀와 마찰이 있을 위험에도 그들이 자녀를 위해 가장 최상의 것이라고 생각하는 바를 하는 것이다.

아이들은 기본적으로 부모와 어른들이 하는 말이 옳고 객관적인 것이라고 믿는다. 그러나 그것들이 과연 그러할까?

그렇지 않다. 부모 역시 그들의 부모들의 희생자이다. 부모 역시 스스로를 좋아하는 법을 배우지 못했을 수도 있다. 그들 역시 스스로 자신을 어떻게 생각하는지보다 다른 사람들이 자신을 어떻게 생각하는지가 더 중요하다고 배웠다. 다른 사람과 비교를 하고, 그들이 다른 사람보다 더 잘하지 못하고 성공하지 못했을 경우 스스로 열등하게 여기도록 배웠다. 그들 역시 좋지 않은 일을 하면 좋지 않은 사람이라고 배웠고, 그들의 삶을 힘들게 만드는 내면의 비판자를 가지고 있다.

그러니 어떻게 스스로 배우지 못했던 것을 자녀들에게

전달해줄 수 있겠는가? 그것은 불가능하다.

나아가 나는 자녀를 학대하는 많은 부모들이 자녀를 사랑한다고 주장하고자 한다. 자녀들을 학대하는 부모는 스스로 커다란 정신적 문제를 가지고 있어 자녀를 사랑으로 대하지 못하는 것이다. 그들의 행동을 변호하는 건 아니지만, 부러진 다리로는 장애물 경주를 할 수 없는 법이다.

한 어머니는 10년 넘게 딸과의 관계가 정상적이지가 않았다. 수 차례에 걸쳐 가위와 같은 뾰족한 물건으로 딸에게 상해를 입혔고 종종은 이유 없이 딸을 구타하기도 했다. 왜 그렇게 했을까?

그녀는 내게 자신은 아이를 원치 않았음에도 남편이 '아이를 만들었다'고 말했다. 그녀는 자신에게 아이를 '넣어준'남편을 결코 용서하지 않았다. 아이만 아니었으면 그와 결혼하지 않았을 거라고 했다. 하지만 딸에게 정상적인 가정을 제공해주고 싶어서 남편과 살고 있다고 했다.

기본적으로 그녀는 딸에게 전혀 개인적인 유감을 갖고 있지 않았다. 하지만 딸 때문에 남편과 헤어질 수 없었다고 생각하면, 간혹 화가 치밀어올라 딸에게 손찌검을 했다고 했다. 남편을 미워하는 걸 그만두고 나서야 그녀는 마음속에 숨겨져 있던 사랑 많고 자애로운 엄마의 모습을 되살릴 수 있었다.

부모와 맺는 평화협정

우리는 부모와 양육자의 잘못을 고발하고 일생 동안 그들이 우리에게 어떤 짓을 저질렀는지 탄핵할 수도 있다. 그러나 그런다고 무엇이 달라질까? 아무것도 달라지지 않는다. 모든것을 더 악화시킬 뿐이다. 아쉬워하고 희생자의 역할을 자처해봤자, 우리의 부정적인 조건들로부터 자유로워질 수는 없기 때문이다.

내면의 비판자로부터 자유로워지고, 행복할 수 있으려면 우리는 스스로 책임을 져야 한다. 책임을 진다는 것은 무엇일까?

책임을 진다는 것은 우리 문제에 대한 책임을 부모나

과거에 전가하는 것을 중단한다는 의미이다. 그들을 용서하고 우리 안의 비판자를 진정시킬 줄 알아야 한다.

어머니와 아버지가 당신에게 와서 다음과 같이 말하는 걸 상상해보라.

> "그렇게 가혹하게 대했던 거 미안해. 내가 너무 무섭게 혼을 내고, 종종은 부당하게 굴었던 거 알아. 부디 용서해줘."

이런 사과가 당신 안의 내면의 비판자를 잠잠하게 할 것이 라고 생각하는가? 그렇지 않다.

부모는 내면의 비판자를 잠잠케 할 수 없다.

오직 당신만이 그렇게 할 수 있다.

당신이 허락하는 한 내면의 비판자는

계속하여 만행을 저지를 것이다.

그의 무지막지한 비판에 끝을 낼 수 있는 사람은

단 한 사람밖에 없다.

그 사람은 바로 당신이다.

예술가 앙드레 헬러는 언젠가 인터뷰에서 이렇게 말했다.

"아버지 어머니 없이 다시 태어나라,

그들에게 책임을 전가하지 말라. 그것이 잘하는 것이다."

바로 이것이 다음 몇 주, 다음 몇 달간의 당신의 과제이다. 더 이상 핑계는 없다. 당신은 성인이고 당신의 행복에 책임이 있다. 스스로를 재창조하라. 원하는 사람이 되라. 스스로의 적이 되는 걸 중단하고 최상의 친구가 되는길을 가도록 하자. 다음 연습이 첫 걸음이 되어줄 것이다.

자신의 부모와 화해하는 걸 상상할 수 없어 하는 사람들이 많다. 그들은 부모에게 원망과 미움을 품고 있어 이들을 결코 용서하지 않으려 한다.

하지만 우리가 부모를 용서하지 못하면, 우리는 부모와 불화할 뿐 아니라, 부모와 비슷한 많은 다른 사람들과도 사이좋게 지내지 못하게 된다. 상사와 잘 지내지 못하는 것이 상사가 우리 아버지와 비슷한 특성을 가지고 있어서

일 수도 있다. 우리가 배우자와 싸우는 것이 배우자가 우리 어머니 혹은 아버지와 비슷한점이 있기 때문일 수도 있다. 우리는 직업적, 사적으로 매일매일 우리의 '부모'를 만난다. 우리가 부모와 평화를 맺지 못하는 한, 우리 부모와 비슷한 다른 사람들과도 평화롭게 살 수 없다.

유전적으로 우리는 백 퍼센트 우리 부모님에게서 나왔다. 우리가 원하던, 원치 않던 깊은 감정적 유대가 우리와 부모를 묶어준다. 부모와 불화하고 부모를 용서하지 않으면 또한 스스로를 사랑할 수 없다. 우리 안에 있는, 부모님에게서 받은 부분들을 계속하여 거부하게 되기 때문이다.

부모님에게 편지를 쓰자

부모를 용서해야 한다니 말은 쉽다. 그러나 그것은 힘든 걸림돌일 수 있다. 부모님에게 편지를 쓰는 것으로 시작하자. 편지에서 부모님을 비난하고 실망한 마음을 마음껏 전달하라. 편지를 실제로 부치지는 말라. 하지만 마치 부칠 것처럼 쓰라.

어머니 | 아버지께

기회가 된다면 늘 이 말씀을 드리고 싶었어요…….

그러고 나서 이렇게 편지를 맺으라.

"저는 부모님을 용서할 준비가 되어 있어요. 부모님도 부모님이

살아오신 과정에서 배운 대로 하실 수밖에 없으셨던 거죠.

부모님도 저와 똑같은 인간이고 완벽하지 않으니까요."

부모님이 해준 좋은 것들에 대해 감사하자

당신의 부모님에겐 좋은 면들도 있을 것이다. 부모님이 당신에게 해주었던 좋은 것들에 대해 감사하라.

부모님의 어떤 면을 좋게 평가할 수 있을지 생각해보라. 부모님께 무엇에 대해 감사할 수 있을지 생각해보라. 여기 참고 삼아 가비의 편지를 싣는다.

"사랑하는 엄마. 엄마는 종종 노심초사하며, 내가 한 일에 거의 만족하지 않았어요. 내게 좀처럼 좋은 소리를 해주지 않았죠. 내가 자만할까봐 걱정해서 그랬던 것 같아요. 엄마 역시 외할머니에게서 좋은 소리를 듣지 못하고 자랐거나요. 하지만 엄마는 내가 아플 때면 늘 자상하게 나를 챙겨주셨어요. 또 내가 좋아하는 음식도 해주시고, 내 마음에 드는 옷도 사게 해주셨어요. 내가 김나지움(인문계 중고등학교 과정)을 그만두려 했을 때 엄마는 내가 아비투어(대학 입학 자격시험)를 치러야 한다고 반대했죠. 지금 생각하면 참 다행한 일이에요. 엄마가 나를 위해 해준 모든 일에 감사해요. 엄마는 최선을 다하신 거예요."

시간을, 되도록 많은 시간을 내어, 아버지 어머니가 해준 좋은 일들을 생각해보고 그것을 기록해보라. 그것은 중요하다. 부모를 용서하기 어려운 경우는 자신에게 더 관대하게 대하라.

스스로를 받아들이게 될수록,

스스로의 실수와 약점을 용서할수록

다른 사람의 실수와 약점을

더 잘 용서할 수 있다.

따라서 자기를 사랑하는 연습을

조금 더 하기만 하면 된다.

자신을 존중하고 사랑하는 것이 무엇인지를 다음 장에
서 살펴보도록 하겠다.

자신에게
뭔가 잘못된 것 같은
느낌이 들어도
당신에겐 아무것도
잘못된 것이 없다.

기억하고 싶은 내용

Part 02

Psychology of Self Love

나는 왜 나를
사랑하지 못할까

04

자기 존중에서
자기 사랑으로

스스로를 존중한다는 것은 무엇인가

●

자기 존중이라는 것은 말 그대로 스스로를 존중하는 것이다. 하지만 스스로를 존중한다는 것은 무엇일까? 스스로에 대한 존중은 어떻게 표현될까?

다른 사람을 존중한다는 것이 무엇인지를 자문하면 답을 얻을 수 있다. 당신이 다른 사람을 존중한다는 것은 다른 사람을 호의적으로 평가한다는 것이다. 실수와 약점도 있겠지만 그를 있는 그대로 받아들인다는 것이다. 그를 믿어주는 것이며, 그에게 상처를 주거나, 무시하거나, 업신여기거나 마음을 상하게 하지 않는다는 뜻이다. 잘못된 행동은 비판하되, 사람 자체는 가치 있고 중요하게 여기는 것이다.

스스로를 존중한다는 것은 스스로를 그렇게 대하는 것이다. 그렇게 하면 건강하고 긍정적인 자존감을 갖게 될 것이다.

자기를 존중하는 것의 반대는 자기를 멸시하는 것이다. 스스로를 경시하고, 상처주고, 깎아내리고, 마음 상하게 하는 말을 하는 것이다. 실수와 약점을 비난하는 것이다.

스스로를 열등한 사람으로 여기면 자신의 가치는 낮아진다. 스스로를 열등하게 생각하면 감정적으로도 스스로가 열등하고 가치 없게 느껴진다. 왜 스스로를 열등하게 여기게 되는 걸까?

자신이 얼마나 자신의 이상형에 근접한가를 기준으로 자신의 가치를 매기기 때문이다. 우리 모두는 자신에 대한 이상형을 가지고 있다. 우리는 이상적인 사람이 되고 싶어 하고, 그렇게 되어야 한다고 믿는다. 이상형은 부모님이 원했던 상 내지 당신 스스로 원하는 상으로 이루어져 있다.

당신의 내면의 비판자는 이런 이상형을 있는 그대로의 당신과 비교한다. 난방 온도 조절기처럼 현재 상태와 목표치를 비교한다. 그리고 현재 상태와 목표치(당신이 되고 싶거나 되어야 하는 상태)의 차이가 크면 행동에 돌입한다.

이상형과 현재 상태가 다를수록 내면의 비판자는 뭔가 정상이 아니라는 불쾌감을 더 많이 불러일으키고, 그럴수록 자아상은 나빠지며, 자존감이 낮아져 스스로를 열등하게 느낀다.

지금보다 더 나은 사람이 될 필요는 없다

•

우리가 태어날 때부터 자신에 대한 상이나 자신에 대한 견해를 가지고 있었던 것은 아니다. 아기 때에는 스스로를 멸시하지도 거부하지도 않았다. 자기 가치 같은 것은 알지 못했다. 긍정적인 자존감도 열등감도 없었다.

그때 중요했던 것은 안전하다는 느낌이었다. 이런 감정은 쓰다듬어준다든지, 젖을 먹여준다든지, 당신의 필요에 반응해 준다든지 하는 어머니의 신체적, 감정적 보살핌을 통해 생겨났다.

여기서는 당신의 비판자와는 달리 조건에 얽매이지 않는 사랑과 인정이 작용했다.

당신이 태어났을 때 부모님이 그랬듯이 당신 역시 스스로를 사랑스럽고 가치 있는 인간으로 여기고 그렇게 대우한다면, 스스로를 조건 없이 받아주고 사랑한다면 당신은 안전감과 안정감을 느낄 것이다.

그러면 자신에게 아무것도 잘못된 것이 없음을 느끼게 (알게) 될 것이다. 그러고 나면 스스로가 더 이상 불완전하게 느껴지지 않으며 자신에 대한 진실을 알게 된다.

나는 있는 그대로 사랑받을 만한 존재다.

이런 진실은 태어난 이래 조금도 변하지 않았다. 당신
은 가치 있고 매력적인 사람이다.

더 좋은 사람, 더 괜찮은 사람이 되기 위해
스스로를 바꿀 필요가 없다.

내면의 비판자는 이런 진실을 의심한다. 그는 아주 단호
하다. 그래서 그가 당신이 좀 이상하다고 말하면 정말로 그
런 느낌이 든다.

'내가 괜찮은 사람이라면 이렇게 비참하고 열등감이 들
지 않을 거야'라는 생각이 든다. 그리하여 우리는 여태껏
내면의 비판자의 말을 믿어왔다. 하지만 비판자는 틀렸
다. 내면의 비판자에게 그것을 분명히 하고 무엇 보다 스
스로 확신하라. 그에 대해서는 나중에 더 살펴보겠다.

스스로를 받아들이고 좋아한다는 것

'스스로 완전한 사람도 아니면서 자기 자신을 좋아하다니, 그것은 교만하고, 비도덕적인 것이며, 병적인 것이며, 매우 이기적인 것이 아닐까?'라고 자문하는 사람들이 많다. 당신도 그렇지는 않은가?

자신을 받아들이고 사랑하는 것에 관한 잘못된 이해와 편견을 머릿속에서 지워버리고 새로운 시각을 위해 머릿속을 비워야 한다. 자신의 오류와 잘못된 가정에서 자유로워질 준비가 되었는가? 좋다. 그럼 시작하기로 하자.

스스로를 좋아한다는 것은 자아도취에 빠져 거울을 보고 "거울아, 거울아, 이 세상에서 누가 가장 아름답고 훌륭하니?"라고 묻는 것이 아니다. 교만하고 우쭐하고 자만하는 것이 아니며 권투선수 무함마드 알리처럼 "나는 위대하다"라고 환호성을 지르는 것이 아니다. 스스로를 더 낫다고 여기며, 다른 사람들을 얕잡아보는 것이 아니다. 장밋빛 안경을 쓰고 스스로를 무비판적으로 보며 결점도 흠도 없는 사람으로 생각하는 것이 아니다. 또한 스스로를 세계의 중심으로 여기며, 다른 사람들은 급이 좀 떨어지는 사람으로 보는 것은 더더구나 아니다.

스스로를 진정으로 좋아할 수 없는 사람들만이 이런 특성을 지닐 수 있다. 스스로를 거부하는 사람만이 이기적이고 늘 자신의 이익밖에 생각할 줄 모르고, 교만하고, 자기중심적일 수 있다.

자기 멸시와 자기 비하는 이 모든 부정적인 특성들이 자라나는 온상이다. 스스로를 받아들이고 좋아하는 사람들은 스스로를 남들보다 더 낮게 여기고 다른 사람들을 얕잡아볼 필요가 없다.

스스로를 사랑하고 받아들이는 사람은
다른 사람에게도 친절하고
다른 사람들도 받아들일 수 있다.

스스로를 가장 좋은 친구로 대하라

자기 자신을 좋아한다는 것은 스스로를 실수와 약점을 가진 인간으로서 조건 없이 받아들이고 자신에 대해 긍정적이고 따뜻한 마음을 갖는 것을 의미한다. 긍정적이고 따뜻한 마음을 갖는 것이 중요하다. 이것은 작은 도로에 속도 제한이 있다는 사실을 받아들이는 것처럼 어떤 사실을 받아들이는 것만이 아니다. 거기서 한 걸음 더 나아가는 일이다.

> 스스로를 좋아한다는 것은 스스로를
> 받아들이는 동시에 자신에 대해
> 따뜻하고 좋은 마음을 갖는 것이다.

스스로를 좋아한다는 것은 스스로를 좋은 친구처럼 대하는 것이다. 진정으로 좋아하는 친구는 그냥 받아들이기만 하는 것이 아니다. 그를 생각하면 기분이 좋아지고 따뜻한 마음이 든다. 맞는가?

생각만 해도 기분이 좋아지는 사람에게 당신은 어떻게

대하는가? 생각만 해도 기분이 좋아진다면 그의 면전에 대고 상처주거나 마음을 아프게 하는 말을 하지 않을 것이다.

그것은 그런 상대의 말과 행동을 무조건 좋다고 하고 옳게 여긴다는 의미가 아니다. 하지만 그의 생각과 행동 양식을 공유할 수 없을지라도, 그것들을 틀리다고 생각할지라도 그에게 비난을 퍼붓거나 화내고 실망한 채 그에게서 등을 돌리지는 않을 것이다. 함께 이야기해보고, 이해하려고 해보고, 이해가 가지 않아도 그가 당신과 다르다는 것을 받아들일 것이다.

그에게 애정을 가지고 당신이 그를 좋아한다는 걸 그로 하여금 느끼고 알도록 할 것이다. 칭찬과 배려를 아끼지 않고, 어려울 때는 도와주고, 용기를 잃었을 때는 용기를 북돋워주고, 슬퍼할 때는 위로해주고, 그의 편이 되어줄 것이다. 행동은 지적할 수 있지만 인격 모독은 하지 않을 것이다.

> 자신을 받아들이고 좋아할 때의 생각과 느낌과
> 행동은 다른 사람을 좋아할 때의 생각과 느낌과
> 행동과 다르지 않다.

즉 스스로를 받아들이는 사람은 스스로를 가치 있고 매력적이라고 생각하고 호감갈 만한 사람이라고 느끼며 자신의 실수를 용서한다. 인간으로서의 자신의 가치가 행동에 달려있지 않다는 걸 안다. 실수를 저질렀고 저지르고 있더라도 당신이 가치 있고 매력적인 사람이라는 사실은 변하지 않는다. 다른 사람들이 비판하고 거부할지라도 스스로를 받아들여라. 칭찬이나 좋은 소리를 들으면 기뻐하되, 무시당하고 부당한 대접을 받으면 수긍하지 말라. 그리고 자신이 대우받고 싶은 대로 남을 대우하라.

스스로를 사랑해야 다른 사람도 사랑할수 있다

•

"네 이웃을 네 몸과 같이 사랑하라"는 말을 들어본 적이 있을 것이다. 그 의미가 무엇일까? 이웃을 당신 자신처럼 하찮게 취급하라는 의미는 아닐 것이다.

나는 이 문장을 자기 사랑이 선행되어야 한다는 의미로 이해한다. 자기 사랑은 당연한 것으로 전제되며, 그 기초에서 자기를 사랑하듯 동일한 사랑으로 이웃을 사랑하라는 가르침이다. 그렇지 않은가?

자기 사랑이 전제조건이다. 그러므로 스스로를 사랑하는 것을 그렇게 나쁘고 비난받아야 할 것처럼 생각하는 이유가 무엇인가? 많은 사람들은 스스로를 사랑하면 다른 사람을 위한 사랑이 남지 않기에 스스로를 사랑해서는 안 된다고 믿는다. 이런 사람들은 스스로를 좋아하는 것이 다른 사람에게 잘해주는 것을 방해한다고 생각한다. 누가 맨 처음 이런 말도 안 되는 생각을 했는지 모르겠다. 나는 그와 반대라고 생각한다. 아니 그와 반대라는 것을 알고 있다.

스스로를 좋아하지 않는 사람은 주변 사람들을 사랑할 수 없다.

스스로를 사랑해야
다른 사람을 사랑할 능력이 생긴다.

왜 그럴까? 스스로를 거부하면 우리의 마음은 늘 공허하고 채워지지 않게 된다. 그러면 우리는 우리가 매력 있고 가치있고 중요한 사람이라는 걸 느끼고자 다른 사람들을 이용하게 된다. 나를 찾아온 한 내담자가 언젠가 이렇게 말했다.

"그(배우자) 없이는 난 아무것도 아니에요."

스스로를 좋아하지 않는 경우 우리는 우리에게 괜찮은 사람이라고 말해주는 사람을 필요로 한다. 확인받고 인정받고 싶은, 만족을 모르는 욕망이 종종 파트너 선택의 모티브가 된다.

스스로를 좋아하지 않는다면, 기본적으로 타인과 타인의 개성 같은 것에 도무지 관심을 가지지 못한다. 오로지

이 사람이 내게 무엇을 줄 수 있는가 하는 것뿐이다. 따라서 상대를 그 자체로 사랑하지 않고, 그가 자신에게 주는 사랑과 인정 때문에 사랑하는 것이다.

우리는 어리석게도 타인의 사랑이 우리가 사랑받을 만하다는 증거라고 믿는다. 이것은 치명적인 오류이다. 이런 경우 타인의 좋은 평가를 잃어버리면, 어떻게 되겠는가? 도로 가치 없고 열등하다는 느낌으로 돌아가버릴 것이다. 상대가 함께 하는 동안에만 스스로를 가치 있게 느끼게 되고, 상대가 떠나가면 그와 함께 우리가 소중한 존재라는 생각도 따라 가버리고, 완전히 비참한 기분으로 서게 될 것이다.

자신의 가치를 다른 사람들에게 종속시킬 때 우리는 이 사람들과 그들의 평가에 완전히 의존하게 된다. 이것은 우리의 인간관계에 어마어마한 영향을 미친다. 다른 사람이 나를 사랑할 때만이 내가 괜찮은 사람이라고 확신한다면, 나는 상대의 사랑을 잃지 않기 위해 모든 것을 하게 될 것이다. 나의 필요는 뒷전으로 하고 "예", "아멘" 하며 다른 사람의 요구에 응할 것이다.

자꾸 스스로를 확인받고 싶은 욕구는 낮은 자존감과 자신을 사랑하지 못하는 상태에서 비롯된다. 다른 사람들의 인정과 사랑 없이는 살 수 없다고 확신하면, 다른 사람들이 떠날까봐 크게 두려워하게 된다. 이런 두려움은 어쩔 수 없이 스스로를 희생양이 되게 하고 타인에 대한 종속으로 이어진다.

우리가 스스로를 열등하게 느끼면 파트너와 주변 사람들을 진정으로 사랑할 수 없다. 늘 사랑을 확인하려고만 하기 때문이다. 스스로를 거부하면 진정한 인간관계를 맺을 수 없다. 다른 사람을 사심 없이 대하지 못하고, 자신을 한시도 잊지 못하고, 늘 자신의 이익만을 눈앞에 그리기 때문이다.

이것이 바로 자기 사랑 결핍의 아이러니이다. 스스로를 좋아하지 못하고 마음이 허한 상태에서는 자기중심적이 되고 이기적인 사람이 된다. 계속하여 자신이 어떻게 보일까에만 신경을 쓰고 인정과 호평을 따라다니다가 일생을 다 보낸다. 뭘 하든지 그저 잘 보이는 데만 급급해한다. 끊임없이 자신에게 몰두하고 다른 사람의 관심을 받는 데에만 열심이다 보니 다른 사람에게 관심을 가질 수가 없게 된다.

스스로 괜찮은 사람이라고 생각하는 사람이

이타적일 수 있다.

모임이나 술자리에서 사람들을 한번 관찰해보라. 거의 모두가 옷차림이나 말, 행동으로 스스로를 돋보이게 하려고 애쓰는 걸 볼 수 있을 것이다. 모두가 자신이 다른 사람에게 어떻게 보일까에 관심이 있다. 모두가 관심의 대상이 되고, 모든 사람의 주목을 한몸에 받고자 한다. 그 결과는 무엇일까?

모두가 스스로에게만 신경을 쓰면 다른 사람에게 신경 쓸 여유가 없어진다.

반면 우리가 스스로를 좋아한다면, 스스로 괜찮은 사람이라는 걸 확인하기 위해 다른 사람과 그들의 사랑을 오용할 필요가 없다면, 스스로를 잊어버리고 사심 없이 행동할 수 있다. 그러면 우리는 스스로를 온전하고 가치 있게 느끼며 더 이상 우리 안에 사랑받고, 인정받고 확인받고 싶은 욕망이 불타오르지 않는다. 그리하여 다른 사람에게 자신이 어떻게 보일지 생각하지 않고 다른 사람에게 진정한 관심을 가질 수 있다.

> 스스로를 괜찮은 사람이라고 생각하지 않는
> 사람은 다른 사람도 사랑할 수 없다.

다른 사람을 사랑하는 능력은 자신에 대한 사랑에서 비롯된다. 이타적인 사람이 될 수 있기 전에, 다른 사람을 사랑할 수 있기 전에 우리는 '이기적'으로 일단 스스로를 좋아할 수 있어야 한다.

스스로와 스스로의 삶이 불만족스러운 사람은 그런 불만족을 어떻게든지 채우려고 한다. 그것은 아주 당연하고 이해가 가는 일이다. 하지만 다른 사람을 통해 채움을 받고자 하거나, 돈이나 명성이나 업적 같은 외적인 것을 통해 채우고자 하면 목표에 도달할 수 없다. 결핍된 자기 사랑은 다른 사람의 사랑이나 인정, 또는 돈을 통해 상쇄될 수 없기 때문이다.

스스로와 화해하지 못하면, 즉 스스로를 받아들이지 못하면 세상에서 평화를 찾을 수 없고 주변 사람들과도 평화롭게 지낼 수 없다. 우리는 가지고 있는 것만을 내어줄 수 있다. 돈이 없는 사람은 다른 사람과 돈을 나눌 수 없는 것과 마찬가지로, 나에 대한 사랑이 없다면 다른 사람에게도 사랑을 줄 수 없다. 스스로에게 관대하지 못하고 스스로의 실수를 용서하지 못하는 사람은 다른 사람에게도 관대하지 못하고 다른 사람의 실수도 용서할 수 없게 된다. 내가 가진 것이라야 다른 사람과도 나눌 수 있다.

그러므로 스스로를 좋아하는 것이 중요하다. 우리 자신과 우리의 행복 때문만도 아니고, 주변 사람들 때문만도 아니다. 자기를 사랑하지 못하면 진정한 이웃사랑과 인간 사이의 평화도 없게 된다.

자신을 좋아하는 것은 자신과 다른 사람에게
줄 수 있는 가장 큰 선물이다.

자신과 세상에 이런 놀라운 선물을 할 준비가 되어 있는가?

기억하고 싶은 내용

05

내면의 비판자,
친구인가 적인가

어린 시절 내면의 비판자는 친구이자 보호자

•

부모의 과제는 우리를 적절히 무장시켜 우리가 유년기를 무사히 넘기고 어른이 되어서도 '성공적인' 삶을 살아갈 수 있도록 하는 것이었다.

그래서 우리가 부모님 눈에 보기에 좋지 않은 혹은 우리에게 해가 되는 행동이나 잘못된 행동을 하면 부모님은 자신들의 말에 순종하기를 바라며 우리를 꾸짖고 벌주고 타일렀다. 때로는 눈을 흘기거나 무시하거나 침묵하는 것만으로 우리가 잘못하고 있음을 전달하는 데 충분했다. 우리가 많은 것을 배워야 했으므로 부모님은 매일 많은 것들을 시켰고 잘하지 못하면 불만스러워했다. 게다가 우리는 아이라 아직 세상에 대해 제한된 시각을 가지고 있었으므로 때로는 부모의 말이나 행동을 잘못 해석하여 원래는 그런 의미가 아니었는데도 우리에 대한 거부나 비판으로 받아들였다.

부모에게 거부당할까봐, 그들의 사랑과 인정을 잃을까봐 우리는 부모가 일깨워주는 삶의 원칙과 잔소리들을 우리의 것으로 받아들였다. 꾸지람과 잔소리를 통해 종종 우리가 뭔가 모자라고 사랑스럽지 않은 아이인가 보다 하는 마음이 들었으므로, 세월이 흐르면서 정말로 우리가 모자라고 부족한 사람이라는 마음을 굳히게 된 것은 놀랄 일이 아니다.

우리 안에서 내면의 비판자가 탄생했고, 그의 과제는 우리가 위험한 일을 당하지 않고, 부모님이 우리에게 말하는 것을 명심하게 하도록 하는 것이었다. 자동차의 차선 이탈 경보 시스템이 자동차가 차선을 이탈하면 경고음을 내는 것처럼, 내면의 비판자는 우리가 '올바른 길'에서 멀어지려고 하면 일찌감치 경고를 했다. 그는 이렇게 말했다. "그렇게 하면 안 돼", "이러 저러하게 해야 해", "왜 그런 식으로 하지?"

그렇게 경고함으로써 우리가 부모님의 사랑과 애정을 잃지 않도록 지켜주고자 하였다.

> 어린 시절 내면의 비판자는
> 우리의 친구이자 보호자였다.

그의 존재는 의미가 있었다. 하지만 유감스럽게도 그는 너무 빠르게 변했다. 보호자에서 부당하게 지배하고자 하는 전제군주가 되었고, 유일한 신하(당신)를 탄핵하고 비방하고 질책한다. 그는 당신이 잘못하는 것만 보므로 당신은 도저히 그에게 부흥해 줄 수 없다. 그는 늘 비난거리를 찾아내어, 당신을 비난하고 열등감을 불러일으킨다. 그러다간 어린 시절처럼 실수를 저지를 거라고 경고를 보낸다.

비판자의 비난이 도움이 된다고 생각하는가? 양심의 가책을 느끼는 것이 비판자가 비난할 만한 일이 다시 일어나지 않도록 막아주는가? 실패했고 실패자가 되었다는 마음이 더 이상 실수를 저지르지 않고 더 나은 사람이 되는 데 도움이 되는가? 당신은 있는 그대로 괜찮은 사람이 아니라는 비판자의 판단이 당신이 괜찮은 인간이 되는 데 도움을 주는가?

삶을 돌아보면 답은 분명할 것이다. 그렇지 않다는 것, 자신을 판단하고 자신을 비난하는 것이 당신을 더 나은 인간으로 만들어주지 않았다는 것을 말이다. 직업적으로 얼마나 성공을 했든, 주변의 인정을 얼마나 많이 받았든 상관없이, 5년 또는 10년 전과 똑같이 스스로 열등감을 느끼고 있지 않은가. 아직도 실수를 저지르고, '나쁜' 습관들을 여전히 지니고 있고, 고칠 점이 여전히 많지 않은가.

내면의 비판자는 이제 더 이상

친구도 보호자도 아니다.

내면의 비판자가 한번이라도 당신에게 친절한 말 내지 격려의 말을 한 적이 있던가? 한번이라도 당신을 위로해준 적이 있던가? 한번이라도 칭찬해준 적이 있던가? 비판자가 당신을 좋아한다는 생각이 든 적이 있던가? 거의 그렇지 않을 것이다. 상처주고 겁주고 아프게 하는 말들, 우울감과 열등감을 불어넣는 말들, 거듭되는 비난의 말들은 사랑 표현이 아니다. 동의하는가?

비판자는 더 이상 당신의 친구가 아니다. 만약 당신의 친구라면 당신의 좋은 점을 지지해주고 당신을 보호해주고자 할 것이다. 당신을 믿어주고, 존중하고, 이해하며, 용기를 주고, 위로하고, 좋아해줄 것이다.

비판자에게 선사했던 신뢰를 거둘 때가 되었다.

그렇게 생각하지 않는가?

내면의 비판자는 왜 당신을 꾸짖는가

•

연습을 통해 비판자의 영향력을 줄이고자 하면 비판자는 수단과 방법을 가리지 않고 힘을 잃지 않으려고 싸울 것이다. 어떤 전제군주도 호락호락 권좌에서 물러나지 않는다. 비판자는 다음과 같은 이의를 제기할 것이다.

"네가 내 말을 듣지 않고, 네 맘대로 하면 넌 자제력을 잃을 것이고 네 인생은 완전히 선로를 이탈해버릴 거야."

비판자는 당신이 본성상 못난 인간이라, 계속해서 감시하며 통제하고, 비난하고, 따끔하게 꾸지람을 해야 한다고 본다. 부모님도 당신에게 이와 비슷한 말을 하지 않았는가? "단 5분만 혼자 내버려두면 이렇게 일을 저질러놓으니. 대체 언제쯤 철이 들려고 그러니. 도무지 눈을 뗄 수가 있어야 말이지……."

비판자는 그가 없으면 당신이 무책임한 인간으로 변해버려 도무지 아무것도 제대로 하지 못하고, 자제력을 잃고 말것이며 생활이 엉망이 될 것이라는 두려움을 준다. 당신의 부모님도 그와 비슷한 말을 하지 않았는가? "좀 있으면 웃음이 안 나올걸. 계속 그렇게 살아봐라. 대체 뭐가 되겠니?"

이제 당신은 당신의 비판자가 당신에게 왜 그렇게 말하는지를 알고 있다. 그의 말을 믿지 말라. 진실은 당신은 있는 그대로 괜찮은 사람이라는 것이다. 실수와 약점이 있어도 괜찮다는 것이다. 통제해주어야 하고 억눌러야 할 어떠한 것도 당신에게 없다는 것이다. 당신은 괜찮은 사람이고 사랑받을 자격이 있는 사람이다.

실수를 저지르는 것은 나쁘지 않다.

실수는 나쁜 것이 아니다.

실수를 했다고 못난 사람이 되는 것은 아니다.

실수는 배우고 성장하는 과정의 일부이다. 걸음마를 배우는 아기는 처음에 자주 넘어진다. 넘어지는 것이 잘못인가? 넘어진다고 해서 아기가 뭔가 잘못되었는가? 그렇지 않다.

넘어지는 것은 걸음마를 배우는 과정의 자연스런 요소이다. 아이가 넘어질 때마다 다그치고 벌을 주면 아이가 걸음마를 더 빨리 더 잘 배울까? 아이가 스스로를 비난하고 넘어질 때마다 자책한다고 아이가 걸음마를 더 빨리 배울까? 그렇지 않다. 넘어진다고 아이를 벌주거나, 아이 스스로 넘어지는 것을 부끄러워한다면, 아이는 넘어지는 데 두려움을 갖게 될 것이다. 아이가 넘어질까 두려워한다고 걸음마를 더 빨리 배울까? 그렇지 않다. 실패하지 않으려고, 부모님께 창피한 아이가 되지 않으려고 걸음마 배우기를 중단해버릴지도 모른다.

이제 당신은 실수와 약점으로 인해 스스로를 비난하고 벌주고, 잘못한 일을 부끄러워하고, 실수를 나쁜 것으로 보고, 실수를 저지를 때마다 스스로를 쓸모없는 인간으로 여기는 태도가 실패에 대한 두려움만 불러일으킬 따름임을 알고 있다. 실패를 두려워하면 실패할 확률이 더 커진다.

물론 우리의 내면의 비판자는 다음과 같은 생각을 마음에 들어 하지 않을 것이다.

실수는 자연스런 것이고,

배움의 일부이며

실수를 했다고 비난할 이유는 없다.

이렇게 생각하면 비판자는 아무 쓸데가 없어진다. 비판자는 더 이상 당신에 대해 권력과 통제력을 행사하지 못한다. 비판자는 실수를 두려워하지 않고, 부끄러워 하지 않으면 큰일난다고 강력하게 이의를 제기할 것이다.

"내가 잘못된 행동을 지적해주지 않아 네가 죄책감을 느끼지 못한다
면 넌 결코 좋은 사람이 될 수 없어."

이런 말 배후에도 다음과 같은 생각이 숨겨져 있다.

"넌 완벽하지 않아. 넌 완전하지 않아. 넌 개선이 필요해.
네가 완벽하지 않으니까 넌 부족한 거야. 끊임없이 지적을 당해야만
더 나아지려는 노력을 게을리하지 않게 돼."

어릴 적 부모님에게 이와 비슷한 말을 듣지 않았는가?

"부끄러운 줄도 모르고 어떻게 그런 말을 해? 생각만 해도 얼굴이 화끈거린다. 다 네 잘못이야. 어떻게 그렇게 할 수가 있어?"

내면의 비판자가 하는 말을 믿지 말라

•

당신의 배우자(혹은 당신의 친구)가 계속하여 당신에게 지적을 한다고 가정해보자. 계속해서 당신의 심기를 건드리면서 사사건건 간섭하고 더 빨리, 더 잘하라고 하고, 외모상의 트집을 잡고, 자신을 배려해주지 않는다며 불평을 한다고 해보자.

당신은 이런 계속되는 지적에 어떻게 반응할까? 아무렇지도 않을까, 화가 날까?

당신의 기분은 어떨까? 기쁠까, 행복할까, 우울할까? 그의 비판을 가슴에 새기고 당신의 행동을 바꿀까? 거의 그렇지 않을 것이다. 오히려 배우자에게 화를 낼 것이다. 자신을 사랑한다면 있는 그대로를 받아들여주어야 하지 않느냐고 강력하게 항의를 할 것이다.

"더 나은 사람이 되라는" 배우자의 비난이 당신에게 도움이 되는가? 거의 도움이 되지 않을 것이다. 실수를 지적받는다고, 더 잘할 수 있거나 다르게 할 수 있는 법을 알게 되는 것은 아니다. 물론 있는 그대로 괜찮다고 생각하면 변화의 의지조차 생기지 않을지 모르지만 말이다.

이렇게 사사건건 비난을 하는 파트너가 남은 인생을 함께 보내고 싶은 이상적인 파트너일까? 아마 그렇지 않을 것이다.

다시 말해, 내면의 비판자가 하는 끊임없는 불평과 비난은 당신에게 도움이 되지 않는다. 그런 말들은 당신을 불행하게 하고 두렵게 하고, 힘 빠지게 하고, 자신감을 무너뜨린다. 당신이 불행하고 스스로에 대해 불만을 가질수록, 비판자는 스스로를 더 노골적으로 드러내며 당신은 완전히 실패자라고 이야기한다.

사실 뭔가를 가장 잘 배울 수 있을 때는 자원해서 스스로를 변화시키기로 결정할 때, 실수했지만 격려를 받을 때, 작은 진보에 칭찬과 보상이 주어질 때, 할 수 있다는 용기를 얻을때, 실수와 실패를 용서받을 때이다.

"내가 네게 이렇게 엄하게 대하는 건 다 널 위해서야."

내면의 비판자는 당신에게 그의 모든 비판과 판단과 꾸지람이 오로지 당신을 더 나은 인간으로 만들고자 함이라고 말한다. 그의 비판이 없이는 당신 안의 추한 괴물이 점점 자라나 당신을 점유하게 될 거라고 한다.

비판자의 말을 믿지 말라. 당신의 부모도 때로 당신을 혼내거나 벌주면서 그렇게 말했을지도 모른다. "얘야, 우린 다 널 위해서 그러는 거야. 네가 나중에 훌륭한 사람이 되라고, 엄마 아빠보다 더 나은 사람이 되라고 그러는 거라고."

부모님은 정말로 당신을 위해서 그렇게 했을 것이다. 그러나 때로는 부모 자신들을 위해서 그렇게 했을 것이다. 자신들이 편하려고, 성공한 자식을 자랑하려고, 부모 노릇 잘못했다는 자책감을 느끼지 않으려고, 주변 사람들에게 좋은 부모라는 소리를 들으려고 그렇게 했을 것이다.

아무튼 당신이 벌 받은 것이 누구를 위해서였든 간에 그렇게 하여 당신이 더 나은 사람이 되었는가? 정말로 그것이 당신에게 좋은 것이었는가? 현재 당신이 행복한가? 또는 최소한 만족스러운가? 별로 그렇지 않을 것이다. 징벌은 당신을 더 나은 인간으로 만들지 않았다.

> "죄책감도, 양심의 가책도 느끼지 못하면 파렴치하고
>
> 양심 없고 악한 사람이 되는 거야."

이런 말 뒤에는 충분히 벌을 받아야 더 좋은 사람이 된다는 생각이 숨어 있다. 죄책감을 느껴야 도덕적이고 좋은 사람이 라는 것이다. 차갑고 냉혈한 같은 범죄자나 나쁜 짓을 해도 죄책감을 느끼지 않는 것이지, 잘못을 저지르거나 빗나간 행동을 하면 마땅히 죄의식을 느껴야 한다는 것이다. 죄책감이 심할수록 더 나은 인간이라는 것이다.

하지만 이것은 잘못된 생각이다. 죄책감은 기분을 엉망으로 만들 따름이다. 죄책감은 일어난 일을 되돌릴 수도, 다

시는 그런 실수를 저지르지 않도록 막을 수도 없다. 진실은 이것이다. 당신은 완벽하지는 않기에 늘 실수를 저지르곤 하지만 그럼에도 괜찮은 사람이라는 것. 당신이 저지른 실수가 곧 당신 자신은 아니라는 것.

> "네 자신이 괜찮다고 말한다면 스스로를 속이는 거야.
>
> 이 모든 실수를 저지르고 성격까지 안 좋은 마당에
>
> 어떻게 네가 괜찮은 사람일 수가 있어?"

자신이 괜찮은 사람이고 아무것도 바꾸지 않아도 되는 사람이라고 하면서 비판자의 목소리에 반하는 목소리를 내고 그에게 믿음을 선사하지 않으면 비판자는 금방 이의를 제기할 것이다. 당신이 뭔가 속고 있으며 진실을 보지 못하고 있다고 말이다. 부모가 이런 말을 하지는 않았는가? "네가 뭐 대단한 사람인 줄 알아? 착각하지 마."

내면의 비판자의 반응은 이해할 만하다. 그는 위험에 처해있다. 자신의 권력이 사라지고 있음을 느끼고, 곤궁한 가운데 당신에게 스스로를 속이고 있으며 거짓말을 하고 있다는 기분이 들게끔 한다. 생존 투쟁을 하고 있는 것이다.

다시 말하지만 그를 믿지 말라. 당신은 스스로에 대한 진실을 안다. 비판자는 더 이상 당신의 친구가 아니다. 그러니 그의 말을 믿지말라.

내면의 비판자의 본질을 다시 한 번 정리해보자.

① 내면의 비판자는 당신의 일부이다.

② 당신은 내면의 비판자가 생각하는 종류의 사람이 아니다. 당신은 완전히 다른 사람이다.

③ 내면의 비판자가 당신의 일부라고 하여, 그의 말이 중요하고 도움이 되는 것은 아니다.

④ 내면의 비판자가 하는 말이 옳은 것 같은 느낌이 든다고 실제로 그의 말이 옳은 것은 아니다.

⑤ 내면의 비판자의 말은 본질적으로 부모와 다른 사람들에게서 온 말이다.

⑥ 내면의 비판자는 예전에 당신의 친구였지만, 오늘날에는 더 이상 친구가 아니다.

⑦ 불친절하게 당신을 다그치는 머릿속 목소리는 당신의 친구가 아니라 내면의 비판자이다.

⑧ 비참해지고 불쾌해질 때마다 내면의 비판자가 일하고 있는 것이다.

> 내면의 비판자는 방해꾼이다.
> 그는 당신이 삶의 기쁨을 누리는 걸 원치 않는다.

다음 장에서는 내면의 비판자를 잠재우고 자존감과 자신감을 얻은 세 사람의 경험을 소개하고자 한다.

기억하고 싶은 내용

자존감 향상이
가져온 기적들

실전 연습을 시작하기에 앞서 내면의 비판자를 극복한 세 사람의 경험을 소개하겠다.

그들의 경험은 내면의 비판자를 극복하는 데 무엇이 중요한지, 그 과정에서 어떤 긍정적이고, 특별하고, 놀라운 경험들을 하게 되고, 자존감과 자신감을 높이기 위해 어떤 장애물을 극복해야 하는지를 보여준다. 이들의 이야기를 통해 당신도 영감을 얻고 동기를 부여받기 바란다.

자기 비하를 멈추다
: 크리스토프의 이야기

이 책을 읽기까지 나 자신을 받아들인다는 것은 상당히 낯선 일이었어요. 나는 자신감이 없었고, 외적으로나 내적으로나 스스로를 전체적으로 상당히 모자란 사람이라고 생각했죠. 특히 외모에 자신감이 없어 사람들이 모인 자리에 가면 늘 마음이 불편했어요. 몸이라도 매력적으로 만들려고 열여섯 살 때부터는 줄곧 헬스 트레이닝을 해왔죠.

간혹 칭찬이나 좋은 말을 들을 때면 무안하기 이를 데 없었어요. 그것을 그대로 인정하면 건방진 사람이 될까봐 아주 조심스럽게 받아들였어요. 아무도 자신에게 만족하고 행복한 사람은 없다고 굳게 확신했고 모두가 더 잘 보이고 사랑받기 위해 다른 사람 앞에서 과시를 할 뿐이라고 생각했어요. 스스로를 칭찬하는 것은 교만한 일로 생각했고 (어떤 상황에서도 결코 그렇게 되어서는 안 될!) 외부로부터 인정을 받으려는 또 다른 형식일 뿐이라고 생각했어요. 그저 "그래, 넌 잘할 수 있잖아. 나도 그렇게 할 수 있기를 바란다"라는 말만 할 수 있다고 생각했어요.

그런 상태에서 이 책을 만났고, 내가 내 자신과 주변 사람들에게 가졌던 모든 생각은 갑자기 완전히 의심스러운 것이 되었어요. 매일 매일 스스로에게 얼마나 부정적인 말들을 하고, 생각들을 하고 있었는지 깨닫고 경악했어요. 다른 사람들이 있는 자리에서 말실수라도 하면 나는 속으로 이렇게 생각하곤 했어요. "맙소사, 이 멍청이 같으니라고! 미리 생각 좀 하고 말하라고!" 거울을 볼 때는 "아휴 어쩌다 이렇게 생겼냐!" 라고 나 자신을 깎아내렸죠. 너무나 오랜 세월, 정말로 거울을 볼 때마다 기분이 나빠지지 않은 적이 없었어요. 하지만 이런 상태로 계속 살 수는 없는 노릇이었어요.

이 책은 두 가지 면에서 효과가 있었어요. 우선은 나의 눈을 열어주었어요. 나는 '내가 나를 받아들여도 되고, 나를 사랑하고 나를 좋게 평가해도 된다는 걸, 이것이 좋은 일이라는 걸' 알았어요! 그리고 '스스로를 깎아내리고 비하하는 것은 좋지 않은 일이라는 걸' 알았죠. 동시에 이 책은 내게 커다란 의욕을 불러일으켰어요. 내게 열은 희망이 생겼어요. 내 안의 무엇인가가 내가 정말로 할 수 있으리라고, 더 행복해질 수 있으리라고 말했지요.

우선 나는 나의 생각과 말에 주의하기 시작했어요. 이 책에서 가장 솔깃했던 부분이 바로 나의 인격(가령 "난 정말 구제불능이야")과 나의 행동(가령 "그건 미숙한 행동이었어")을 분리하는 것이었어요. 나는 내가 얼마나 스스로에게 부정적이고, 인격적으로 상처주는 말을 했는지 실감했고, 그런 말을 중단하기로 했어요. 그리하여 뭔가 잘못했거나 잊어버렸을 때 더 이상 "이 바보야!" 라고 말하지 않았어요.

그런 순간에 아무 말도 하지 않을 때의 느낌은 정말이지 견디기 힘든 것이었어요! 속이 뒤집어지는 것 같았지요! 차라리 엉덩이를 꼬집고 싶었어요. "넌 정말 구제불능이야" 라는 말이 목까지 올라왔지요. 너무 오래 동안 그렇게 느끼고 생각해와서 습관이 되었던 것이에요. 하지만 나는 굳세게 견뎌냈어요. 나는 정말로 그렇게 하는 걸 중단했고 더 이상 스스로를 모욕하지 않았어요. 물론 때로는 본능적으로 그런 말이 나올 때가 있었지만, 이제 그런 실수를 했다고 스스로를 비난하지도 않았어요. 아니 스스로를 비난할 때도 있었지만 그렇게 했다고 해서 나 자신을 다시 비난 하지는 않았어요. 연습 시간은 얼마든지 있었지요.

스스로 비하하기를 멈췄을 때 크리스토프는 속이 뒤집어지는 것 같았다고 했다. 많은 사람들이 그런 증상을 겪는다. 또 다른 사람들은 속이 텅 빈 것 같은 공허감을 느낀다. 구멍이 뻥 뚫린 것 같다. 뭔가 빠진 것 같고, 뭔가 어긋난 것 같은 느낌이다.

뭔가 빠진 것은 사실이다. 불쾌감, 정상이 아니라는 느낌, 양심의 가책, 두려움이 빠져버린 것이다. 오랜 세월 데리고 다니던 것들이 더 이상 없어지게 된 것이다. 하지만 걱정할 필요는 없다. 이런 기분은 차츰 수그러든다.

속이 편치 않은 느낌은 오래 갔어요. 언제 그칠지 알 수 없었어요. 몇 개월 가야 그칠 건가. 그리고 또 한 가지 문제는 나의 미숙한 행동으로 나를 싸잡아 비난하려 하는 사람들에게 이렇게 대답하는 것이었어요. "아냐, 그렇지 않아! 난 그저 뭔가 빠뜨렸을 따름이야. 행동이 서툴렀어. 그 이상은 아니야!"

그렇게 말하면 사람들은 종종 얼빠진 얼굴로 나를 쳐다보았어요. 그도 그럴 것이 많은 사람들은 행동을 비난하는 것과 인격을 비난하는 것의 차이를 구분하지 못했기 때문이었어요. 그러나 내게 그런 구분은 도움이 되었고 바른 말을 했다는 확신이 들었어요.

'구제불능'이라고 스스로를 다그치고 싶은 생각은 시간이 흐르면서 없어졌어요. 계속해서 그런 말을 할까 말까 하는 순간들이 있었지만, 하지 않았어요. 속이 뒤집어지는 듯한 느낌이 사라지면서, 계속해서 의도했던 대로 내게 옳은 말을 할 수 있었어요.

오늘날 나는 더 이상 스스로를 비난하고 싶은 욕구를 느끼지 못해요. 스스로를 인격적으로 모독하는 것을 잘못된 일로, 거짓된 일로 생각하죠! 그것은 이 세상에서 가장 고집스럽고 만연한 거짓말 중의 하나예요! 이를 깨달아서 기뻐요. 그러고 나서 나는 손거울을 보며 이렇게 말하기를 시작했어요. "크리스토프, 난 네가 좋아."이 책에 이것이 비판자의 영향에 대항하는 가장 중요한 행동인 동시에 가장 어려운 과제라고 되어 있었어요.

그리고 정말로 그랬어요! 그렇게 하면서도 배 쪽이 굉장히 불편했으니까요. 이 말을 하기 시작했을 때 굉장한 불쾌감이 느껴졌고, 내 안의 모든 것이 곤두섰어요. 나는 여러 가지 말로 바꾸어 말했어요. "크리스토프, 난 너의 친구야."

"난 널 좋아해."

나는 나와 대화하기 시작했어요. 예전엔 한 번도 그렇게 해본 적이 없었지요. 그런 나를 누군가 쳐다본다면 얼마나 곤혹스러울 것인가 하는 생각이 들었는데, 그럴 때도 거울을 보며 "크리스토프, 이제 느낌을 믿지 마. 그냥 내 말을 들어"라고 말했어요.

잠깐 지적했듯이 나는 내 얼굴을 별로 탐탁지 않게 생각했고 내 머리가 너무 작다고 생각했어요. 하지만 나는 타인의 긍정적인 점을 볼 수 있는 능력을 가지고 있었고, 그렇게 내 얼굴에서도 의도적으로 마음에 드는 점을 찾기 시작했어요. 내 얼굴에서 내 맘에 드는 한 가지 부분이라도 찾아낸다면 내내 그로 인해 기뻐할 것이라고 생각했는데, 정말 찾아낼 수 있었어요.

나는 나의 눈이 아름답고 색깔도 마음에 든다고 생각했고 얼굴 양쪽의 대칭이 잘 맞는다고 생각했어요. 나는 거울을 볼 때마다 매번 그 점을 생각했어요. 의식적으로 나에 대해 긍정적인 말을 하는 것을 습관화했지요.

이것이 정상적이지 않은 행동이라는 생각이 들었지만, 나는 의식하든 못하든 누구나 자신과 계속 대화하고 있다고 맞섰어요. 그것은 도움이 되었어요. 부정적인 생각들이 꼬리를 물 때마다 나는 그 생각을 고쳐서 말하거나 아예 무시하면서 대항했어요. 칼과 방패를 들고 싸우는 모습을 속으로 그려보기도 했죠. 오르막과 내리막을 경험했고 많은 의심이 들었지만, 포기하지 않았어요. 그리고 그 이래로 나는 정말로 많이 좋아졌어요. 지금까지 경험하지 못했던 일이에요.

반년 전에는 자신을 받아들이는 훈련을 다시금 강화했어요. 용기를 주는 텍스트를 핸드폰에 녹음해서 매일매일 출근하는 버스 안에서 들었어요. "크리스토프, 난 네가 좋아! 넌 소중하고 사랑받을 만한 사람이야! 넌 재능이 많아. 네 모든 실수를 용서할게."

그러던 어느 순간 "난 네가 좋아"에서 "난 너를 사랑해"로 옮겨갔어요. 이제 이 말은 완전히 진심이 되었고 처음에는 어색했지만, 차츰 기분 좋게 그 말을 할 수 있게 되었어요. 실수를 하거나, 약속시간에 늦거나, 뭔가를 잊어버렸을 때도 내게 건설적인 말을 해주는 버릇을 갖게 되었죠.

"크리스토프, 고개 들어, 난 널 사랑해. 넌 무척 호감 가는 사람이야. 아주 소중한 사람이라고! 실수는 누구나 다 하는거야! 난 네 친구고, 너를 도와줄 거야. 늘 네 편이 되어줄게!"

나는 이제 나의 실수를 트레이닝으로 활용해요. 그러는 동안 이런 말들은 저절로 나와요. 때로 나는 이런 말들이 내게서 거침없이 나오는 것에 스스로가 감탄해요. 내게 이렇게 좋은 말을 해주는 것이 무척 즐거워요.

그래요. 난 기분이 좋아요! 나와 함께 있고 싶어

요! 난 별로 외롭지 않아요. 좋은 친구(나 자신)가 옆에 있음을 알기 때문이죠. 난 자신과 이야기를 하는 것이 재미있어요. 참으로 놀라운 일이에요!

비판에 잘 대처하게 된 지도 이미 꽤 되었어요. 인격을 모독하는 말을 들어도 더 이상 아무렇지도 않지요(나 자신과 나의 행동 사이의 차이를 알기 때문이죠). 나는 삶을 누리며, 계속하여 성장하고 싶어요. 행복해지기 위해 완벽할 필요가 없다는 걸 알고 있어요. 그렇기에 기꺼이 스스로를 용서하는 것이 즐거워요. 이런 좋은 기분을 모두에게 선사하고 싶습니다.

내면의 비판자가 아닌 친구를 만나라
: 시모네의 이야기

내면의 비판자가 완전히 잠잠해지지 않을 거라는
이 책의 경고는 옳았어요. 하지만 이 책의 도움으로
성공적으로 방어할 수 있었어요.

계속해서 비판자에게 신경을 쓰다 보면, 그의 말
에 점점 민감해지고 그렇게 그의 거짓말과 트릭
을 더 빨리 드러낼 수 있어요. 안 좋은 것은 때로
비판자가 나의 실수를 지적하면서 나를 도우려
하는 것처럼 보인다는 거예요.

때로 나는 내면의 비판자가 말하는 건지, 내면의
친구가 말하는 건지를 구별하지 못했어요. 자기
비판은 사람을 더 전진하게 할 수도 있으니까. 친
구라도 도움이 될 수 있다고 생각하면 비판하지
않을까 생각했어요. 내면의 친구도 비판의 목소
리를 낼 수 있지 않겠어요?

하지만 나는 두 목소리의 톤이 아주 다르다는 것
을 깨달았어요.

그 밖에도 내면의 친구는 결코 비난을 하지 않고, 오히려 이해하고 격려하면서 나를 도와주려고 해요. 친구는 나 스스로 어디에서 무엇이 잘못되었는지, 나의 약점이 무엇인지를 이미 안다는 걸 알아요. 그래서 일부러 그런 점들을 들이댈 필요가 없지요. 친구의 목소리는 사랑에 넘치고, 고무적인데 반해, 비판자의 목소리는 까다롭고 가르치려 들고 비난에 찬 어조예요. 멸시적이고 깔보는 태도라, 사람을 우울하고 체념적인 기분으로 만들어요.

내가 내면의 비판자의 정체를 점점 더 밝히기 시작하자 내면의 비판자는 조금 더 미묘한 방법을 취했어요. 부활절 휴가 때는 이렇게 말했죠. "휴가가 벌써 반이 지나갔네." 아주 중립적인 말처럼 들리지 않나요?

하지만 그게 아니었어요. 그는 아주 조용히 이렇게 중얼거렸어요. "그동안 대체 무얼 했니? 그냥 빈둥거리기만 하면서 아무것도 하지 않았잖아.

너 진짜 게으르다." 이런 말은 들릴락 말락 했어요! 하지만 나는 그날 점점 더 기분이 나빠지더니 저녁에 완전히 우울해지고 말았어요.

그러고 나서 어느 날 밤 대체 무슨 뜻인지 알 수 없는 꿈을 꾸었어요. 꿈에 마틴 루터 킹이 나왔던 거예요. 나는 마틴루터 킹의 전기를 구해서 읽기 시작했고 다 읽기 전에 그 꿈이 무슨 꿈인지 알았어요.

마틴 루터 킹은 자유(그리고 사랑)를 위해 투쟁했어요. 노예제도와 자기 속의 노예에 대해서 말이에요. 나는 내면의 비판자에게 압박감을 느끼고 있었으므로 꿈의 메시지는 분명했어요. 자유를 되찾으려면 내가 완전히 자유의 목소리 편에 즉 내면의 친구 편에 서야 한다는 것이었죠.

비판자는 완벽을 지향해요. 모든 것을 규제하고자 하고 통제하고자 하지요. 그는 뜻밖의 것이나 즉흥적인 것, 우회하는 것을 좋아하지 않아요. 그는 비하하고, 샘이 많고, 까다로우며, 이분법적 사고를 해요. 일반화시키기를 좋아하고, 한쪽으로 치우쳐서 생각하며, 거짓말을 잘해요. 그의 정체를 깨닫고 드러내려 하는 사람은 그가 자신의 영역을 되찾으려고 두려움을 불러일으키거나 갖은 수단을 다 쓸 것임을 염두에 두어야 해요.

반면 내 안의 친구는 나를 신뢰해주고, 존중해주고, 이해해주고, 격려해주고, 위로해주고, 넓은 시각에서 보아주고 지혜롭고 사랑이 많아요. 친구는 직관적이고 창조적이지요. 즉흥적이고 용기가 있어요. 그러나 위험도 알고, 내려놓을 줄도 알고 나를 보호할 줄도 알아요.

그는 스스로와 타인에게 아무것도 증명할 필요가 없지요. 자신감이 있어 다른 사람들이 어떻게 생각하든 자신의 행동을 통해 인기를 차지하든 이방인이 되든 크게 연연해하지 않아요. 우습다고 하든 겁쟁이라고 하든 재미없는 사람이라고 하든 코믹하다고 하든 상관하지 않아요. 그저 내적인 지혜와 자기 사랑의 마음이 권하는 행동을 할 뿐이에요. 가슴의 목소리를 따르는 것이죠.

반면 내면의 비판자는 모든 일을 한쪽으로 치우친 시각으로 봐요. 과대망상적으로 어떤 일과 사람들을 좌지우지할 수 있다고 믿게 하거나, 반대로 잔뜩 주눅들게 하여 현실적인 가능성과 계획조차 부담스런 것으로 여기고 시도조차 못하게 만들어요. 병적인 야망이나 체념, 이 둘 모두 비판자의 소관이에요. 비판자는 즐거움을 망쳐놓는 장본인이죠. "아, 그래봤자 소용없어. 또는 그렇게 해서 뭐가 나오는데?"라고 말하면서요.

'뭐가 나오느냐'는 말은 늘 내 귀를 번쩍 뜨이게 해요. 그러고 나면 내면의 친구는 창조적으로 비판자에게 다음과 같이 맞받아쳐요. "뭐가 나오느냐고? 아무것도 나오지 않아. 뭐가 나오든 상관없어. 난 단지 새로운 경험을 하고 싶어. 그걸로 충분해."

그러면 비판자는 가만히 있어요. 더 이상 아무 생각이 나지 않기 때문이죠. 비판자는 어쨌든 상상력이 제로예요. 늘 같은 트릭을 구사하죠. 그의 레퍼토리는 상당히 제한적이며 뻔한 것들이라, 내면의 친구의 반박이나 기발하고 창조적인 생각에 아무 대꾸도 하지 못해요. 그냥 새로운 걸 경험한다고? 아무것도 나오지 않아도 상관없다고? 목표도 없고, 목적도 없이? 성과를 생각하지 않는다고? 비판자에게는 상상할 수 없는 일이죠. 내적 친구의 열려 있고 솔직하며 긍정적인 태도는 경험 그 자체에 대한 감사와도 연결되어 있어요. 사람, 동물, 자연과의 만남, 인생 자체에 대한 깊은 감사와 연결되어 있지요.

내면의 친구는 목적 없이 삶의 흐름에 몸을 내맡기는 걸 좋아해요. 조건 없이 시간을 내고, 삶의 크고 작은 일들을 사랑하는 걸 좋아하지요. 그러므로 내면의 친구는 좋아하고 보호할 만한 존재예요.

나 스스로에 이르는 여행
: 에리카의 이야기

나 스스로에 이르는 여행 이야기를 들려드리고 싶군요. 나는 내가 하고 있는 경험에 열광하고 있어요. 내가 어떤 공간에 들어가면 다른 사람들이 즐거워하는 것이 느껴져요. 얼마 전 함께 대화를 한 후 한 동료가 나보고 무슨 코칭을 받느냐고 묻더라고요. 기뻤죠. 이제 일할 때 내가 사용하는 새로운 패스워드는 "난 내가 좋아"예요.

이 책을 마지막 페이지까지 다 읽은 날 나는 내 생일파티 초대장을 보냈어요. 아주 시기가 적절하게 들어맞았어요. 새로운 10년을 시작하며 새로운 생의 감정과 새로 얻은 자신감을 축하하고 싶었죠.

초대장을 만들면서도 나는 스스로를 발견하고 관찰했어요. 만드는 중에 누가 카드가 예쁘다고 말해서 나는 감사하다고 했죠. 전 같았으면 "무슨

요, 자꾸 보니 이런 저런 부분이 아주 눈에 거슬려요"라고 말했을 텐데 말이에요.

있는 그대로 좋아요. 난 실수를 용서할 수 있어요. 나는 열려 있고 나와 다른 사람에게 솔직해요. 그냥 있는 그대로의 모습을 허락할 수 있어요.

다른 사람들도 열려 있고 내게 솔직하다는 걸 경험해요. 만약 그렇지 않더라도 별로 개의치 않고요. 그저 지금 이 순간에 산다는 느낌이에요. 종종 어떻게 이렇게 될 수 있었는지 묻곤 해요. 이제 나는 그것이 아주 간단하다는 걸 알아요.

이 책과 이 책이 제안하는 연습들은 열매를 맺었어요. 몇 달 전 까지만 해도 나는 많은 면에서 부족했고, 다른 사람이 내 삶을 쥐락펴락하게 했어요. 이제는 스스로 결정하는 삶이 얼마나 아름답고 충만한지를 아주 뿌듯한 마음으로 경험하고 있어요. 진심으로 감사드려요.

자신에게
뭔가 잘못된 것 같은
느낌이 들어도
당신에겐 아무것도
잘못된 것이 없다.

기억하고 싶은 내용

Part 03

Psychology of Self Love

나 자신과
진정으로
화해하는 법

내면의 비판자를 길들이는
26가지 연습

열등감에서 해방되어 자존감과 자신감을 강화하기 위해 기본적으로 한 가지 충고만 따르면 된다.

내면의 비판자의 말을 신뢰하고
그의 시각으로 자신을 보는 일을 중단하라.
스스로에 대한 자신의 의견을 정립하고
스스로를 좋은 친구처럼 대하라.

몇십 년간 비판자의 소리를 들어왔기 때문에 비판자가 당신의 감정(특히 자존감)과 당신의 인생에 미치는 부정적인 영향을 약화시키기 위해서는 약간의 연습이 필요하다.

하지만 걱정하지 말라. 비판자가 할 수 없다고 속삭일지 몰라도 당신은 할 수 있다.

자기 거부가 자기 존중과 자기 사랑으로 바뀌는 것은 과정이다. 자신에 대한 (긍정적인) 상이 만들어지고 비판자의 영향이 줄어들기까지 약간의 연습이 필요하다. 자신이 괜찮은 사람으로 믿어지는 날들도 있을 것이고, 반대로 비판자의 소리가 귀에 들어오면서 자신과 자신의 가치를 의심하게 되는 날들도 있을 것이다.

하지만 계속하다 보면 이런 싸움에서 승리하게 될 것이다. 넘어지는 것은 실수가 아님을, 넘어지는 것은 불완전하다는 뜻이 아님을, 넘어지는 것은 그저 배움의 일부라는 것을 당신은 잘 알고 있지 않은가.

여기 당신의 자존감과 자신감을 강화시켜주고 내면의 비판자를 진정시켜줄 26가지 전략이 있다. 어떤 방법들은 쉽게, 또 어떤 것들은 힘들게 다가올 것이다. 힘들게 다가오는 것일수록 당신에게 중요하고, 당신을 가장 많이 진보시킬 연습이라고 보면 된다.

나를 비판하는 목소리를 중단시키자

•

연습 ❶ 비판자가 얼마나 자주 말을 걸어오는지 알아보라

(최소) 이틀간 내면의 비판자가 얼마나 종종 참견을 해오는지 주의하라. 매일 같이 얼마나 자주 당신을 비난하고 끌어내리는지 메모해보자. 빈도수가 많은 것에 놀랄 것이다. 아니 심지어 경악할 것이다. 따라서 우선은 비판자가 무엇을 말하는지가 아니라, 얼마나 자주 말하는지에만 주의를 기울이고 비판자가 말을 할 때마다 체크를 해보라.

처음에는 비판자의 다그침을 알아차리는 것이 힘들지도 모른다. 그의 참견과 비판이 종종 아주 순식간에 이루어져 모르고 넘어가는 경우가 있기 때문이다. 그렇다면 비판자가 참견하고 있음을 어떻게 알 수 있을까? 아주 간단하다.

> 기분이 좋지 않을 때마다, 뭔가 불쾌할 때마다
> 비판자가 비난했다고 확신해도 좋다.
> 대부분은 배 부분이 불쾌할 것이다.

내게 상담을 받았던 라이너는 비판자가 얼마나 자주 말을 해오는지 의식적으로 헤아려보고는 충격을 받았다. 이틀간 무려 250회나 되었기 때문이다.

연습 ❷ 비판자의 말을 중단시키라

일주일 동안 매일 비판자가 하는 구체적인 말과 비난들을 기록해보자. 수첩에 적어보고 이런 말들이 누구에게서 연유한 것인지 생각해보라. 아버지? 어머니? 동년배 친구들? 분간이 간다면 비난을 적고 그 말이 누구한테서 왔는지도 적어보라.

라이너는 다음과 같은 리스트를 들고 나타났다.

"네가 뭘 할 수 있겠어." – 아버지

"늘 실수투성이잖아." – 아버지

"다 네 잘못이야." – 어머니

"할 줄 아는 게 없네." – 어머니

"창피하지도 않아?" – 어머니

"그럼 못쓰는 거야." – 어머니

"감사할 줄을 모르는구나." – 어머니

"어떻게 그렇게 멍청한 짓을 할 수가 있지?" – 어머니

"내버려둬. 넌 못해." – 어머니

"늘 모든 걸 엉망으로 만들지." – 아버지

"오 맙소사. 너 정말 이지…" – 어머니

"오빠 정말 재미없어." – 여동생

"하는 말마다 어째 그래." – 어머니

"그래서는 안 되었는데." – 어머니

"오빠 구제불능이야." – 여동생

"넌 못생겼어." – 동급생

"웃음거리가 되고 싶은가 보군" – 어머니

"꼴이 그게 뭐야?" - 어머니

"제대로 된 일을 할 수 있겠니?" - 아버지

"너 같은 애를 누가 좋아하겠어?" - 동급생

라이너는 이렇게 말했다.

"비판자가 매일 같이 어떤 말들을 지껄이는지 확인하는 건

정말 충격적인 일이었어요. 나 같으면 주변 사람들이나 친구에게

그런 상처를 주지는 않을 텐데. 그것을 알게 되었을때

나는 기분이 아주 나빠졌어요. 하지만 이런 경험을 하게 되어

감사해요. 이제 나를 받아들이는 것이 얼마나 중요한지를 알았고

비판자의 공격에서 나를 보호하고 싶어요."

비판자의 말을 의식하기 시작하면 당신 안의 모든 것이
곤두서게 될 것이다. 그러고 나면 더 안 좋게 되지는 않을
까 두려울 것이다. 그렇다. 그렇게 될 수 있다. 내면의 비
판자가 매일 같이 무슨 말을 해왔는지를 처음으로 의식하
게 되니까 말이다. 당신 역시 라이너처럼 충격을 받을지
도 모른다. 하지만 그것은 건설적인 충격이다. 그러니 적

에게로 다가가자!

연습 ❸ 비판자의 요구를 의식하라

부모의 요구, 도덕적 표상, 원칙과 금기사항은 "나는 이러 이러한 것을 해야 해"라는 형식으로 당신 안에 계속 살고 있다.

당신이 자기 대화에서 "무엇무엇을 해야 해", "무엇무엇을 하면 안 돼", "그러한 것을 하지 말았어야 했는데.", "이러 이러한 것을 했어야 하는데"라는 식의 말을 사용하고 있다면, 내면의 비판자가 속삭여주는 부모, 교사, 교회의 요구를 듣고 있다고 확신해도 좋다.

라이너는 계속해서 비판자가 이렇게 말하는 것을 들었다.

"너 그렇게 게으르게 살면 안 돼."

"너 그렇게 자제력을 잃고 화를 내면 안 돼."

"외모에 좀 신경을 써."

"그렇게 흥분하지 말고."

"가족들을 위해 좀 더 시간을 내야지."

"그렇게 이기적으로 살지 마."

"이제 정말로 살 좀 빼야지."

"좀 더 노력을 해야 할 게 아냐."

비판자의 요구를 의식하라. "나는 무엇무엇을 해야 한다/ 하지 말아야 한다" 형식의 문장을 열 가지 만들어보자. 예를 들면 다음과 같다.

(나는) 좀 더 괜찮은 사람이 되어야 한다.

그렇게 자꾸 까먹어서는 안 된다.

그렇게 화를 내서는 안 된다.

그렇게 큰 소리를 내서는 안 된다.

등등

위의 연습들을 했다면 당신은 이제 비판자가 계속해서 당신을 압박하고, 두렵게 하고, 자존감을 깎아뭉개고, 자신감을 무너뜨린다는 것을 알 것이다. 이제 비판자가 말을 걸어올 때 당신이 무엇을 할 수 있을지를 살펴보자.

내면의 비판자를 존중하되, 무시하자

•

연습 ④ 비판자가 무슨 말을 하든 그의 말을 믿지 말라

비판자가 정말로 당신을 생각하고 당신을 위해주고자 한다면, 그는 당신을 친구처럼 대할 것이다. 당신에게 잘해주고, 도와주고, 용기를 주고, 등을 두드려줄 것이다.

당신을 비난하고 비하하며, 괜찮지 않다는 느낌을 주는 내면의 목소리는 친구의 목소리가 아니다.

그러니 그 목소리를 듣지 말라.

당신의 비판자가 말을 해오면 다음을 분명히 하라.

비판자는 이식된 존재라는 것.

어린 시절 당신 안에 눌러앉았다는 것.

비판자는 당신의 진정한 본질에 부합하지 않으며 제2의 자아가 아니다. 즉, 그와 당신을 동일시할 필요가 없으며, 그가 말하는 걸 믿을 필요가 없다.

연습 ❺ 비판자를 시각화하라

비판자에게 얼굴, 즉 형상을 부여하라. 비판자는 인공관절 처럼 당신의 일부이긴 하지만 그에게 형상을 부여하면 더 쉽게 그와 거리를 둘 수 있고 그를 진정한 본질에는 부합하지 않는 대상으로 볼 수 있다. 시각화하는 것이 힘든 경우 화가난 표정의 얼굴 그림 같은 것을 견본으로 사용해도 좋다.

연습 ❻ 내면의 비판자가 당신의 일부임을 인정하라

내 삶을 힘들게 하는 놈을 인정하라고?

그렇다. 그것은 큰 도움이 된다. 비판자와 권력투쟁을 벌이는 것은 아주 힘이 들뿐더러, 싸우면 싸울수록 비판자가 더 강하게 저항을 해온다.

그러므로 비판자를 인정하라. 그의 존재를 인정하라. 그 사실은 변화시킬 수 없다. 당신이 그에게 주의를 기울이지 않고 그의 말을 믿지 않으면 그의 비난과 비판은 약화될 것이다. 이런 연관에서 다음 연습도 중요하다.

연습 ❼ 비판자의 의견에 예의바르게 반응하라

그가 말을 걸어오면 그를 불편한 손님처럼 대하라. 그가 하는 말을 듣고, 그의 말에 감사를 표하고 관대하게 대하자. 그는 계속해서 트집을 잡을 것이다. 그것이 그의 일이고, 그는 다르게 행동할 수 없다.

따라서 비판자의 말에 대꾸하지 말라. 그렇지 않다고 설득 시키려 하지 말라. 당신이 논쟁을 벌이기 시작하고, 비판자가 부당하다는 걸 입증하려고 하면 그는 더 소리를 높이고 더 끈질기게 나올 것이다. 아니면 점점 더 까다롭게 다른 비판거리들을 찾아낼 것이다. 누군가를 부당한 것으로 몰아가는 것은 끝없는 토론으로 이어지고, 그 토론에서 모두 패자가 되며, 결국 아무도 이익을 얻지 못한다.

그러므로 비판자와 비판자의 의견을 존중한다고 말하면서 그를 예의바르게 대하는 것이 더 낫다. 동시에 당신의 입장은 분명히 해야 한다.

채식주의자와 영양에 대해 토론한다고 상상해보라. 채식이 옳지 않다고 여길지라도 당신은 채식주의자의 의견을 존중하며 예의바르게 대할 것이다. 채식주의자는 그가 옳다고 생각하는 방식대로 살도록 하고, 당신은 당신이 옳다고 생각하는 방식대로 사는 것이다. 비판자에게도 그렇게 대하면 된다.

비판자가 당신을 향해 "바보, 실패자. 넌 언제나 모든 걸 망쳐놓지"라고 하면 그에게 "오케이, 네 의견은 그렇구나. 그래 난 여러 가지를 잘못해. 모든 사람이 마찬가지야. 그 때문에 나를 비난할 이유는 없어"라고 답하라. 또는 "난 그냥 있는 그대로의 내가 좋아"라고 하든지, "내가 이 세상에서 가장 멍청한 사람이라도 난 내가 좋아"라고 대응하라.

비판자가 "아무도 널 좋아하지 않아"라고 하거든, 당신은 스스로에게 "아무도 나를 좋아하지 않더라도 나는 내가 좋아. 난 나를 사랑해"라고 하라. 또는 "상관없어. 난 내가 좋아. 아무도 나를 좋아하지 않아도 나는 사랑받을 만한 사람이야"라고 하라.

당신의 비판자가 "넌 이러이러한 것을 해야 해"라고 하면 당신은 스스로에게 "나는 아무것도 할 필요가 없어. 난 있는 그대로의 나로 괜찮아. 내가 무슨 일을 언제, 어떻게 할지는 내가 결정해"라고 하라. 비판자와 당신 스스로에게 이제 당신은 다 큰 어른이며 무엇이 옳고 그른지, 무엇이 자신에게 좋고 나쁜지 스스로 결정할 권리가 있으며, 더 이상 감시자가 필요 없음을 분명히 하라.

비판자가 "넌 실수투성이야. 넌 실패자야"라고 말하거든 "네 의견은 그렇구나. 난 다르게 생각해. 난 때로 실수를 저질러. 뭐 어때? 스스로를 비난할 이유가 되지 않아. 누구나 실수는 하거든. 그럼에도 나는 사랑받을만한 사람이야"라고 하라. 또는 "내가 실수를 저질러도 난 내가 좋고 나를 있는 그대로 인정해"라고 답하라.

미소 지으며, 공감과 호의를 표하며 스스로에게 이런 말을하라.

연습 ❽ 은근히 비판자의 화를 돋우라

비판자의 목소리를 들으면 그의 부아를 돋울 수 있는 뭔가를 하라. 그가 당신이 한 일을 비판하는가, 아니면 당신이 뭔가를 잘한 것이 우연이나 행운이라고 치부하는가? 그러면 당신이 진정으로 스스로와 친구가 되고자 한다는 것을 보여주라. 뭔가 좋은 것으로 스스로에게 보상을 하고, 스스로에게 잘해주고, 스스로를 기분 좋게 하며 스스로에게 이렇게 말하라. "난 이걸 받을 자격이 있어."

당신이 잘 지내는 것은 당연한 일이다. 그러므로 그렇게 행동하라. 비판자는 그렇게 하는 것이 마음에 들지 않을 것이다. 이의를 제기하고 당신이 스스로에게 뭔가 좋은 것을 해주는 것이 마땅하지 않다는 느낌을 줄 것이다. 생각하고 싶은대로 생각하라고 하라. 그는 당신이 잘지내는 것을 원치 않는다. 당신의 행동을 쉽게 용인하지 못한다. 어찌하여 당신을 좋게 생각하지 않는 자의 말을 들어야 하는가? 그러므로 스스로에게 잘해주고, 친절하게 대하자.

자신의 부정적인 면과 화해하고
장점을 발견하자

•

연습 ❾ 자신의 부정적인 면과 화해하고, 스스로를 용서하라

비판자는 당신의 많은 면을 비난하고 혹평할 것이다. 당신이 가진 면 중 스스로가 거부하는 모든 면이 불만족의 근원이 되고, 계속 자기 경멸을 부추긴다. 그렇게 되면 스스로가 싫어하는 면, 방어하는 면이 오히려 강화되고, 이런 부분들을 내려놓기가 더 힘들어진다. 그러므로 스스로의 부정적인 면과 화해하고, 스스로의 이런 모습을 용서하도록 하라.

> 스스로를 받아들이기 위해서는
>
> 스스로를 용서해야 한다.

두려워하지 말라. 자신의 나쁜 면을 인정하는 것은 그것을 좋게 생각하거나 그것을 만족스러워하는 것이 아니다. 그것을 인정하는 것은 다만 이 순간 그것을 당신의 인격의 일부로 받아들인다는 의미다.

비판자가 당신에게 제기하는 요구 리스트를 보라. 리스트를 보면 당신이 스스로에게서 거부하는 특성과 행동방식이 무엇인지 가늠할 수 있을 것이다. 당신이 혐오스럽고 짜증나고, 불쾌하다고 생각하는 사람을 떠올려보라.

그 사람의 어떤 면이 싫은가? 어떤 면에 화가 나고, 어떤 면이 구역질나는가? 어떤 면이 구제불능이라고 생각하는가?

그것을 알면 당신이 스스로에게서 거부하는 면들도 알 수 있다. 가령 아는 체하고, 충고를 전혀 받아들이지 않는 사람이 싫다면, 스스로에게 참을 수 없는 면도 그런 면일 확률이 크다.

또는 어떤 사람을 대할 때 특히 열등감을 느끼고 주눅이 든다면, 그 사람이 당신에게 없는 무엇을 가지고 있는지 생각해 보라. 그 사람의 어떤 면이 부럽고 경탄스러운지 말이다. 당신의 비판자는 바로 이런 특성이 부족하다고 당신을 비난하는 것이다. 늘 사려 깊고 이성적으로 행동하는 사람이 대단해 보인다면, 당신도 그 사람을 닮고 싶을 것이다. 그러나 당신은 그렇게 하지 못한다. 종종 감정이 앞서고, 즉흥적이고 생각 없이 행동할지도 모른다. 이런 생각 없는 행동은 종종 당신에게 불이익이 될 것이고, 당신의 비판자는 당신이 그렇게 이성적으로 신중하게 행동하지 못하는 것을 비난한다.

거부하고 싶은 자신의 특성과
행동방식 10가지를 기록해보자.

이제 미소를 지으며 다정하게 이렇게 말하라. "내가 때로 이러이러한 것을 할지라도"(이 부분에 당신이 첫 번째로 열거한 나쁜 특성을 집어넣으라), "나는 나를 용서해. 나는 괜찮은 사람이야." 따라서 가령 "내가 때로 화를 내고 부당한 행동을 할지라도 난 나를 용서해. 난 괜찮은 사람이야." 또는 "내가 때로 남을 시기해도 나는 나를 용서해. 나는 괜찮은 사람이야.", "내가 때로 남을 부러워해도 나는 나를 용서해. 나는 괜찮은 사람이야"라고 말이다.

여기서 '때로'라는 말에 주의하자. 이런 특성은 언제나, 어디서나 나타나는 것이 아니지 않는가.

몇 주 동안 스스로의 이런 나쁜 면들을 용서할 수 있다는 느낌이 들 때까지 이 연습을 반복하자. 무엇보다 당신이 다시금 벌컥 화를 내고 당신의 비판자가 그 일로 인해 당신을 끌어내리려고 할 때마다 그것을 기억하라.

비판자는 늘 당신의 결점과 실수를 질타하고 비난하는 것을 가장 중요한 과제로 본다. 당신이 자신의 실수와 약점을 용서하면 비판자의 권력은 줄어든다.

연습 ⑩ 매일 자신의 마음에 드는 점을 하루에 5가지씩 기록 하라

앞으로 30일간, 매일 몇 분의 시간을 내어 자신을 좀 여유있게 바라보고 자신에게 마음에 드는 점 다섯 가지를 수첩에 메모하라.

외모나 성격, 행동, 감정 무엇이든 좋다. 찾기가 힘들다면, 친구, 지인, 동료의 좋은 점을 생각해 보라. 그러면 당신도 그런 특성을 가지고 있음을 적지 않게 발견할 수 있을 것이다.

수첩의 세 페이지 이상을 이런 가산점 리스트를 메모할 공간으로 남겨두고, 계속 길어지는 리스트를 매일매일 읽도록 하자.

연습 ⑪ 당신이 가진 특성 중에서 다른 사람들이 좋게 평가해주는 것을 기록하라

다른 사람들(배우자, 친구, 자녀, 동료, 상사)이 좋게 보아주는 자신의 특성을 기록해보라. 주변 사람들은 당신에게 어떤 칭찬을 하는가?

배우자는 나의 ~한 점을 좋게 생각한다.

자녀는 나의 ~한 점을 좋게 생각한다.

친구는 나의 ~한 점을 좋게 생각한다.

동료는 나의 ~한 점을 좋게 생각한다.

상사는 나의 ~한 점을 좋게 생각한다.

아버지(어머니)는 나의 ~한 점을 좋게 생각한다.

주변 사람들이 당신의 어떤 면을 좋아하는지를 모른다면 그들에게 "나의 어떤 면을 좋게 생각하느냐?"라고 묻고 그 대답을 기록하라.

연습 ⑫ 자신의 강점과 긍정적인 면을 의식하라

내담자에게 그들이 어떤 긍정적인 면과 강점을 가지고 있는지 말해달라고 하면 보통 긴 침묵이 이어진다. 아무것도 떠오르지 않거나 아주 적은 것만이 떠오르기 때문이다. 그러다가 내가 그들의 부정적인 면을 말해달라고 하면 말이 봇물처럼 터져나온다.

당신도 마찬가지일 것이다. 자신의 부정적인 면만 떠오

른다면, 당신의 자존감이 낮고 자신감이 부족한 것도 놀랄 일이 아니다.

당신은 인간으로서 정신적, 신체적, 직업적, 재정적, 음악적, 혹은 예술적인 면에서 어떤 긍정적인 면을 가지고 있는가? 어떤 재능과 능력을 가지고 있는가? 삶에서 어떤 성공을 뒤로했는가? 내어놓을 것이 무엇이 있는가?

당신에게 전혀 긍정적인 것이 없다고 말하지 말라. 당신은 모든 사람과 마찬가지로 긍정적인 특성과 강점들을 가지고 있다. 이런 부분을 말하기 힘든 것은 그것들을 당연한 것으로 여겨왔거나 입 밖에 낼 만한 것이 못 된다고 여겨왔기 때문이다. 그런 면들이야 다른 사람들도 다 가지고 있는 것이라, 언급할 만한 것이 못 된다고 생각할지도 모른다.

내게 심리치료를 받았던 이사벨은 자신의 긍정적인 면을 찾아내는 걸 특히나 힘들어했다. 내가 이사벨이 전에 자신은 남의 말을 잘 들어주기 때문에 다른 사람들이 자신의 문제를 그녀에게 상의할 때가 많다고 이야기했던 것을 기억해내고, 그런 면이 긍정적인 면이 아니고 무엇이냐고 묻자, 이사벨은 "그건 특별한 게 아니잖아요. 모두가 나처럼 할 수 있어요. 사람은 다른 사람의 말을 잘 들어주어야 마땅하죠"라고 말했다.

당신도 비슷할지 모른다. 당신도 자신의 긍정적인 면들을 그다지 특별하지 않은 것으로 여기기 때문에 그런 면들을 찾는 걸 힘들어하는지도 모른다. 문제는 당신의 요구수준인지도 모른다. 다른 사람도 흔히 가지고 있는 면이므로 특별할게 없다고 생각한다면 그것은 생각의 오류다.

지원서 같은 것을 작성한다고 생각해보기를 권한다. 당신이 구직에 나섰고 당신의 모든 장점과 강점과 긍정적인 면을 부각시켜야 한다고 상상해보라.

다른 사람이 당신의 어떤 점을 좋게 평가해줄지를 기억한다면, 지원서 작성에 도움이 될 것이다. 다른 사람이 당신의 어떤 면과 어떤 능력을 좋게 보아줄까?

A4용지 한두 장에 스스로에게 좋은 점들을 죽 적어서 이것을 활용하여 지원서를 작성해 보자.

참고용으로 애니의 지원서를 여기에 소개한다.

저는 35살입니다. 클라우스와 결혼해서 두 자녀를 두고 있습니다. 10년 전부터 비서로 일해왔지요. 저는 일을 잘합니다. 늘 정시에 출근하고, 해야 할 일을 좀처럼 잊어버리지 않고 제때에 정확하게 처리합니다. 대부분의 동료들과도 잘지내고 있습니다. 사장님은 때때로 저를 칭찬하시면서 제가 없었다면 골치가 아팠을 거라고 하십니다.

또 저는 성실합니다. 맡은 일을 양심껏 처리하고 사람들의 신뢰를 저버리지 않습니다. 동료들은 저와 이야기하는 걸 좋아하고, 개인적으로나 가정적으로 문제가 있을 때 제게 조언을 구하곤 합니다.

저는 마음이 따뜻하고 열려 있습니다. 자녀들과도 말이 잘 통하고 자녀들은 저를 믿어줍니다. 자녀들은 문제가 있으면 저와 상의를 하지요. 제가 자녀들에게 부당하게 했거나 제 기분으로 인해 엄하게 했을 때는 저 역시 사과하고 잘못을 고백해요. 또한 기꺼이 시간을 내어 자녀들의 걱정거리와 어려움을 들어줍니다.

저는 음식을 잘 만듭니다. 남편과 아이들은 제가 만든 음식을 잘 먹습니다. 손님이 오면 제 요리 솜씨를 많이 칭찬합니다. 뜨개질도 잘해서 제가 뜬 가디건을 다들 예쁘다고 해요. 저는 꽤 똑똑하고 기억력도 좋습니다. 손기술도 좋아서 집에서 웬만한 건 다 제 손으로 고치지요. 일을 적절히 분담해줄 줄도 알고요.

다른 문화와 관습에 관한 책을 즐겨 읽어요. 책을 읽고 다른 사람들과 이야기를 나누는 걸 좋아해요. 그동안 몰랐던 새로운 음식을 먹어보는 것도 좋아하지요.

운전 10년차인데 아직까지 무사고예요. 주차위반으로 딱 한번 딱지를 뗀 것밖에 없어요. 운전하는 것이 재미있어요.

다른 사람들에게서 운전을 잘한다는 소리를 종
종 들어요. 저는 다른 사람들을 성급하게 판단하
지 않으려고 노력해요. 그들의 행동을 이해하려
고 하고, 저 역시 완벽한 사람이 아님을 생각하
지요.

이런 글을 읽으면 애니가 언급한 많은 면이 당신에게도
해당되는데 당신은 결코 그것들을 긍정적인 면으로 볼 생
각을 못했다는 데 생각이 미칠 것이다. 그것은 당신이 자
신의 긍정적인 부분들을 얼마나 당연하게 여겼는지를 보
여준다.

자, 이제 당신 차례다. 최소한 한 시간 정도를 내어 지
원서를 작성해 보라. 한 번 작성한 다음에는 긍정적인 면
이 새로 생각날 때마다 계속해서 보완하도록 하자.

그리고 이 지원서를 거의 외우다시피할 정도로 4주 동
안 매일 읽어보라. 약속할 텐가? 큰 소리로 읽되, 기계적
으로 하지 말고, 확신을 가지고 힘주어 읽으라.

연습 ⑬ 누군가 당신을 칭찬하거나,
좋은 소리를 해주면 그것을 기록해두라

칭찬이나 좋은 소리를 들을 때마다 그것을 기억했다가 수첩에 메모해 두고 수첩의 한두 페이지를 칭찬을 적는 란으로 비워놓자.

비판자가 당신이 얼마나 열등하고 별 볼일 없는 사람인지 말할 때마다 점점 더 길어져가는 칭찬 리스트를 들추어보라.

연습 ⑭ 스스로를 긍정하는 생각을 활용하라

다음 생각을 매일의 '기도'로 삼아, 몇 주간 최소 하루에 한번씩 읽자.

또 이런 텍스트를 핸드폰에 녹음해서 길을 오가면서 들으라. 이런 텍스트에 또 다른 긍정적인 생각을 추가해도 좋다.

"나는 완벽하지는 않지만 아주 호감가는 사람이다. 나는 있는 그대로의 내가 좋다. 이 모습, 이 생

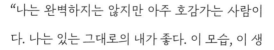

각, 이 느낌 그대로의 내가 좋다. 있는 모습 그대로 좋다. 나는 지극히 괜찮은 사람이다.

온 세상을 다 뒤져도 나 같은 사람은 나밖에 없다. 나 같은 사람은 그 어디에도 없다. 다른 사람들과 별 다를 게 없어보이고, 똑같이 말하고 행동한다 하여도 나는 유일무이한 사람이다. 나는 나다.

나는 나의 감정, 생각, 일하는 방식이 좋다. 나는 나를 인정한다. 나는 재능과 재주와 능력이 많다. 내가 아직 알지 못하는 재능도 있다.

나는 스스로를 자상하고 친절하게 대한다. 실수와 약점을 너그러이 봐준다. 나는 스스로를 좋은 친구처럼 대하며, 스스로 유쾌하게 지내도록 신경을 쓴다.

나는 긍정적이고 자신감에 넘친다. 나는 좋은 기운을 발산한다! 나는 삶이 좋다. 나의 삶이 좋다. 나는 호감가는 사람이다. 나는 살아가는 데 필요

한 만큼 강점과 능력이 있다. 나는 에너지와 열정
과 생명력으로 충만하다. 나 자신으로 지내는 것
이 재미있다. 나는 다른 사람들과 함께 있기를 좋
아하고, 다른 사람들도 나와 함께 있기를 좋아한
다. 다른 사람들은 나의 말과 생각과 행동에 관심
을 보인다. 나는 솔직하고 진실하며, 그 외 많은
긍정적인 특성들을 가졌다. 모든 것이 다 있다. 나
는 지금 이대로의 내가 좋다."

이런 텍스트를 읽다 보면 이미 종종 그랬듯이 자신은
이런 사람이 아닌데 스스로를 전혀 다른 사람인 것처럼
위장하는 듯한 느낌이 들 것이다. 스스로 이런 사람이 아
니라는걸 '알고'있다는 생각이 들 것이다.

자신이 괜찮은 사람이 아니라는 걸, 전혀 지혜롭지도
않고, 특별한 재능이나 능력이 없다는 것 등등을 '안다
고' 생각할 것이다. 그리하여 그런 진실이 아닌 거짓말을
하면서 당신 안의 모든 것이 곤두서는 느낌이 들지도 모
른다.

이런 저항은 당신이 가지고 있는 부정적인 상이 당신

안에 얼마나 깊고 강하게 심어져 있는지를 보여준다. 지난 장들에서 당신은 현재의 자아상이 환경의 산물임을 알았다. 이런 자아상은 당신의 진정한 자아가 아니며 당신이 잘못 습득하게 된 상일 따름이다.

당신은 이런 상을 깊이 내면화하여 그것이 진정한 자신의 본질에 부합하며, 자신을 정확하게 묘사한다고 믿는다. 그러나 사실 이런 상은 다른 상은 존재하지 않는 가운데 당신이 부모님이나 다른 애착 인물로부터 습득한 상일 따름이다.

당신의 진정한 자아에 대한 진실은 그와 다르며, 당신은 진정한 상과 차츰 친해져야 한다. 일찌감치 당신의 부모님과 다른 사람들이 늘 당신은 유일무이하며, 소중하고, 사랑받을 만한 사람이라고, 많은 재능과 능력이 있다고 말해주었더라면, 당신은 오늘날 그렇게 믿고 있을 것이고, 긍정적인 자아상을 가지고 있을 것이다. 스스로를 긍정적으로 생각하는 것이 아주 당연하고 자연스러운 일이었을 것이다. 긍정적인 상이 위장이며, 거짓말이라는 생각을 하지 않았을 것이다.

이제 몇 주간 매일매일 스스로를 긍정하는 생각을 읽으라. 그러면 서서히 부정적인 자아상이 긍정적인 자아상으로 대치될 것이며, 시간이 지남에 따라 긍정적인 자아상을 '진짜'로 여기게 될 것이다.

연습 ⓕ 스스로에게 말하라. "난 네가 좋아"라고

부모, 자매, 동년배에게 늘 듣기를 원했던 말, 그러나 드물게 들었거나, 아예 들은 적이 없는 말은 무엇인가? 아마도 "난 네가 좋아. 너와 함께 있고 싶어"라는 말이 아니었는가. 우리 모두는 조건 없는 사랑을 동경한다. 우리는 있는 모습 그대로 사랑받기를 원한다.

당신이 "나는 내가 완벽할 때만 나를 받아들일 수 있어. 몸매도 완벽하고, 이런 저런 것을 이루어야만 나를 받아들일 수 있어"라고 말한다면, 당신은 부모님이 했던 그대로 하고 있는 것이다. 스스로에 대한 사랑에 조건을 다는 것이다. 스스로에게 "있는 그대로의 네 모습으로는 너를 좋아할 수 없어. 네가 변해야만 너를 좋아할 수 있어"라고 말하는 것이다.

그러므로 완벽하지 않아도 스스로를 받아들이는 것이 중요하다. 완벽해야만 스스로를 인정한다면, 결코 스스로 에게 만족하지 못할 것이다. 당신은 부모님이 당신을 있 는 그대로 받아주었으면 했을 것이다. 하지만 부모님은 그들의 사랑에 조건을 달았다. 부모님이 했던 실수를 되 풀이하지 말라.

앞으로 30일간 매일 몇 분간의 시간을 내라. 이번 연습 을 시작하기 전에 우선 21번, 25번, 26번 연습을 하면서 기분을 '업'시키면, 연습이 좀 더 수월해질 것이다.

작은 손거울을 들거나 커다란 거울 앞에 서라. 이 연습 은 타인의 방해가 없는, 혼자 있는 장소에서 해야 한다.

이 연습은 거부감이 가장 많이 드는 연습일 수도 있다. 그러나 이 연습은 모든 연습 중 가장 강력한 것이며, 진정 한 기적을 일으킬 수 있는 것이다.

입술에 미소를 머금고 몇 초간 다정하게 자신의 눈을 쳐다 보라. 그리고 나서 큰 소리로 말하라. "아무개야"(이곳에 당신의 이름을 집어넣으라), "난 널 사랑해."이 말이 몇 초간 자신에게 작용하도록 하라.

그리고 나서 자신의 자랑스럽거나 좋은 점 다섯 가지를 말하라. 예를 들어 "이런 연습을 할 용기를 내다니 네가 자랑스러워. 스스로를 받아들이려고 애쓰는 네가 자랑스러워. 난 네 아름다운 눈이 맘에 들어. 그렇게 자애롭게 자녀를 돌보는 네가 아주 훌륭하다고 생각해."

그날 한 일 중 잘했다고 생각한 것을 고르거나 자신의 좋은점 리스트에서 선택하라.

처음 며칠은 이런 연습을 하면서 기분이 찜찜할지도 모른다. 속이 뒤집어지고, 울음이 나오고 스스로의 눈을 쳐다보며 사랑한다는 말을 하기가 너무나 어려울지도 모른다. 이런 반응은 아주 정상적인 반응이다. 이런 반응은 당신이 스스로에게 얼마나 낯선지, 당신이 내면의 아이, 즉 당신의 본질에서 얼마나 멀리 떨어져 있는지를 보여준다.

당신이 느끼는 모든 부정적인 감정들을 받아들여라. 최선을 다해 30일간 매일 같이 이 연습을 한 후에는 당신 안의 무엇인가가 긍정적으로 변한 것을 느낄 것이다. 그리고 이런 연습을 하는 것이 훨씬 쉬워질 뿐 아니라, 주변 사람들이 더 호의적으로 보이는 것이 피부로 느껴질 것이다.

자비네는 이렇게 말했다.

"처음에는 불쾌했어요. 흐느낌이 새어나왔죠. 나는 당황스러워서 스스로를 다독이며 안아주었어요. 상당히 정신 나간 행동처럼 들리지만, 이런 적은 처음이었어요. 나 자신을 적이나 비판자가 아닌 드디어 친구로 경험하는 것은 정말이지 기분 좋은 일이었어요."

연습 ⑯ 두 살이나 세 살 적, 자신이 환하고 행복하게 웃고 있는 사진을 찾으라

이 사진에서 진정한 정체성을 깨달을 수 있는가? 사랑스럽고 모든 면에서 나무랄 데 없는 당신의 모습을? 이 사랑스런 꼬마는 아직 당신 속에 있다. 그를 안아주라.

꼬마를 꼭 껴안아주고 사랑해주라. 그것이 당신 자신이다. 계속해서 그 사진을 보면서 자신과 연대감을 느끼라.

연습 ⑰ 다른 사람과의 비교를 중단하라

계속하여 다른 사람과 비교하고 그런 비교에서 뒤처지기만 한다면, 자존감이 낮아지는 것은 당연한 일이다.

다른 사람들이 더 자신감 있고, 건강하고, 외모가 더 좋고, 직업상으로 더 성공했다고 그들이 더 가치 있고 나은 인간일까?

다른 사람과 비교하는 것은 기본적으로 의미가 없는 일이다. 모든 사람은 유일한 존재이기 때문이다. 그렇다. 하나밖에 없는 존재다. 지금까지 그 누구도 당신과 똑같은 사람은 없었다. 그리고 앞으로도 없을 것이다. 당신은 오리지널이다. 스스로를 다른 사람과 비교하는 것은 사과와 배를 비교하는 격이다. 사과는 사과고, 배는 배다. 그것들을 서로 비교할 수 없다. 사과가 배보다 더 맛있다고 말할 수 있다. 하지만 그렇다고 배가 더 열등한 것은 아니지 않는가? 당신에 대한 진실은 다음과 같은 것이다.

당신은 그 자체로 '소중한 사람'이다.
이 진실을 믿기로 결정하기만 하면 된다.

충분히 의식하기만 한다면 그 사실을 믿게 될 것이다.

다른 사람이 더 나은 사람이라고 생각하는 한, 자기 자신은 아직도 한참 멀었다고 생각하게 되고, 자신은 아직도 한참 멀었다고 생각하는 한, 자신은 부족하고 충분히 좋은 사람이 아니라고 느끼게 된다. 비판자는 이런 생각을 무지하게 기뻐한다. 그러면 당신을 "실패자"로 끌어내릴 수 있기 때문이다.

연습 ⑱ 외모에 신경 쓰라

스스로를 견딜 수 없어 하고, 열등감에 빠져 살다 보면 외모에 별로 신경을 쓰지 않는 사람들이 많다. 꾀죄죄한 행색으로 다니고, 스스로를 별로 가꾸지 않는 사람들이 많다. 이런 경우 우리의 외모는 우리의 내면을 반영하여, 거울 앞에 서면 스스로의 모습이 마음이 들지 않을 것이다. 마음에 들고 입었을 때 기분 좋은 옷을 입는 것만으로도 자존감을 상당히 높일 수 있다.

연습 ⓳ 만나는 사람마다 그에게서 긍정적인 점을 찾아내라

이런 연습은 당신을 놀라게 할 것이다. 지금까지의 연습은 모두 당신 자신과 관련된 것이었기 때문이다. 그러나 모든 사람에게서 긍정적인 점을 찾아내는 연습은 아름다운 것과 좋은 것에 눈을 열어주는 좋은 연습이다. 이런 좋은 것들은 당신 안에도 있기 때문이다. 따라서 매일 만나는 사람들 안에서 호감가는 점을 찾아내는 것을 습관화하라. 아름다운 미소, 다른 사람들에 대한 배려, 아이를 돌보는 엄마의 다정한 손길 등 말이다.

매일매일 스스로를 기분 좋게 만들어주자

연습 ⑳ 매일 긍정적인 것, 아름다운 것을 발견하라

매일 의식적으로 상을 주고 싶은 사람이나 사물을 찾으라. 오늘 어떤 사람이 가장 친절한 미소를 보였던가? 오늘 누가 가장 상냥하고 친절했는가? 오늘 당신이 본 것 중 무엇이 가장 아름다웠던가? 어떤 새가 가장 아름답게 지저귀었는가? 어떤 꽃, 혹은 꽃다발이 가장 아름다웠는가?

의식적으로 가장 아름답고 가장 좋은 것을 고대하면, 유쾌한 것들에 더 집중하게 되고, 자연스럽게 기분이 좋아진다.

연습 ㉑ 감사하라

감사하는 것은 기분이 좋아지게 하는 탁월한 전략이며 삶에 대한 사랑고백이다. 감사하는 삶은 충만하고 행복한 삶을 위한 비결 중 하나다. 왜 그럴까?

감사할 수 있는 것을 의식하다 보면, 깊은 만족감과 행복감, 기쁨이 우리 안에 퍼져나간다. 반면 모든 것을 당연하게 여기고 더 많이 얻으려고 매진하다 보면 불만족은 더욱 커지고, 평온이 사라진다.

무엇에 대해 감사할 수 있을까? 기본적으로는 모든 것에 대해 감사할 수 있다. 우리 모두는 무한히 많은 물질적인 것과 비물질적인 것에 기뻐할 수 있다. 당연한 것으로 생각하지 않고, 언급할 만한 것이 못 된다고 생각하지 않는 한 감사할 것은 얼마든지 있다. 이렇게 질문하라.

ⓠ 무엇에 감사할 수 있을까?

무엇에 감사를 표현할 수 있을까?

무엇에 기뻐할 수 있을까?

수첩에 감사할 수 있는 것들을 죽 적어보라. 새로운 것이 생각날 때마다 리스트를 보완하라.

여기 참고로 소박한 감사 목록을 제시한다.

☑ 좋은 배우자

사랑스런 딸

아늑한 집

흉금을 터놓는 친구

미소

건강

기쁨을 주는 강아지

배우자가 허락해주는 자유

배우자의 사랑

재미있는 일

듣고, 보고, 느끼고, 냄새 맡고, 먹을 수 있는 감각들

매일의 새로운 하루

일몰

친구들의 도움

필요할 때 나를 위해 있어주는 사람들

친절한 동료들

주변 사람들의 칭찬

마음먹은 대로 하루를 살 수 있는 자유

모든 감정이 그렇듯, 감사와 그와 연결된 좋은 기분도
훈련 할 수 있다. 풍성함을 눈앞에 그릴수록 긍정적인 감

정은 더 강해진다.

자신이 무엇을 가지고 있는지를 알지 못하면,

계속해서 부족한 것만 묻게 되며,

이것은 불만족으로 가는 지름길이다.

연습 ㉒ 매일매일 자신에게 작은 선물을 하라

작은 선물은 우정을 키워주고 가꾸어준다. 내면의 친구와의 우정도 마찬가지다. 내면의 친구에게 매일 사랑하고 좋아한다는 표시로 칭찬을 하거나, 명상을 하거나, 이완연습을 하는 등 작은 선물을 하라. 스스로에게 잘해주자.

매일 매일 스스로를 기분 좋게 하는 소소한 것들을 베풀라. 스스로 이것을 받을 자격이 있다고 말하고, 즐겁고 재미있는 것을 찾아서 하라.

연습 ㉓ 진보는 상을 주고, 퇴보는 용서하라

자기 사랑으로 나아가는 길에서 조금이라도 향상되었다면 스스로를 칭찬하라. 뭔가를 해내거나 끝마쳤다면 자신의 어깨를 두드려 주고, 거울을 보고 미소를 지으며 "잘했어. 난 네가 자랑스러워"라고 말하라.

연습 ㉔ 자신과 타인에게 미소를 선사하라

억지 미소도 분위기를 띄운다. 하물며 열려 있고 진심 어린 미소는 어떻겠는가. 집에서 거울을 쳐다보면서 스스로에게 다정하게 미소를 지으라. 거리의 쇼윈도에 모습을 비추어볼 때도 스스로에게 미소를 선사하자. 다른 사람들을 보고 미소를 지으면 종종 그 보답으로 미소를 선사받게 되고, 당신의 가슴은 기쁨으로 뛰놀 것이다.

연습 ㉕ 기분 좋게 해주는 질문을 던지라

생각으로 무엇에 집중하는가에 따라 우리의 기분이 달라진다. 우리는 질문을 통해 우리의 생각을 긍정적이고 즐거운데로 돌릴 수 있고 그렇게 스스로의 기분을 좋아지게 할 수 있다.

사랑, 감사, 자긍심, 기쁨을 느끼고 싶다면 다음과 같은 간단한 질문을 하면 된다.

① 현재 무엇이 행복한가? 무엇에 대해 행복할 수 있는가?
② 무엇이 (특히) 자랑스러운가? 무엇에 자랑스러워할 수 있는가?
③ 무엇에 감사한가? 무엇에 감사할 수 있는가?
④ 누구를 사랑하고 누구의 사랑을 받고 있는가?
⑤ 무엇이 나를 감동시키는가? 무엇에 감동할 수 있는가?
⑥ 어떤 사람과 함께 있고 싶은가?
⑦ 어떤 장소에 있을 때 특히 기분이 좋은가?
⑧ (특히) 무엇을 하고 싶은가?
⑨ 언제 특히 용기가 생기는가?

이런 질문에 대답을 할 수 있었는가? 대답을 하는 것만으로도 곧장 기분이 변한다는 것을 느꼈는가?

생각이 감정을 결정한다. 위의 질문을 통해 당신은 다른 생각으로 옮아가고 이런 질문에 대답하면서 다른 기분이 되는 것이다.

우울하고, 힘 빠지고, 기분이 안 좋을 때마다 이런 질문을 기억하라. 적절한 대답을 통해 기분이 확 바뀔 것이다.

연습 ㉖ 기분이 좋아지는 활동을 하라

다양한 활동을 통해 곧장 부정적인 기분에서 빠져나와 긍정적인 감정이 될 수 있다.

의욕이 없거나 우울하거나 기분이 축 처져 있거나, 화가 나서 앉아 있는데 라디오에서 좋아하는 노래가 흘러나와 갑자기 기분이 전환되었던 경험이 있는가? 리듬을 타며 좋아하는 멜로디를 흥얼거리기 시작했을 것이다.

당신의 기분은 순식간에 180도 바뀌었을 것이다. 그러므로 라디오에서 좋아하는 음악이 흘러나오기를 기다리고 앉아 있을 이유가 뭐란 말인가? 핸드폰 플레이리스트에 좋아하는 음악들을 담거나 좋아하는 CD를 마련하여 듣고 싶을 때마다 들으면 되지 않겠는가? '기분이 좋아지는 음악 목록'을 작성하여 길을 걸으며 들으면 좋을 것이다.

우연히 좋아하는 음악이 나오기를 기다리지 말고, 당신의 생각을 바꾸어줄 조치들을 적극적으로 취하라.

보면 웃음이 나오고 기분이 좋아지는 영화들이 있는가? 좋은 영화를 보러 가거나, '기분이 좋아지는 영화 모음'을 만들어 컴퓨터에 저장해놓으면, 기분이 안 좋거나 위로가 필요할 때 잘 활용할 수 있을 것이다.

또 '기분이 좋아지는 책 목록'도 마련하자.

하지만 그것으로 충분하지 않다. 필요할 때마다 생각의 전환을 가져다주는 활동 목록을 작성하라. 예를 들어 춤을 추거나, 노래를 부르거나, 조깅을 하거나, 운동을 하거나, 이유 없이 웃는 등의 신체활동은 어떤가?

집 안이나 사무실을 치우거나, 평소와는 다른 옷을 입거나, 쇼핑을 하거나, 친구나 지인에게 전화를 걸거나 만나거나, 스스로에게 향수를 선물하는 등 작은 기쁨을 주는 등의 일상적인 활동은 어떤가?

또 정신적인 활동으로 생각의 전환을 불러올 수도 있다. 가령 지난 휴가를 떠올린다든지, 파트너와 함께 했던 아름다웠던 저녁 시간을 떠올린다든지, 앞으로의 휴가계획을 세운다든지, 아름답고 기운을 북돋워주는 추억들을 회상한다든지, 기분이 좋아지게 하는 질문들을 던진다든지 말이다.

기분을 안 좋을 때 할 수 있는 활동 최소 20가지를 메모해 놓자.

스스로에게 좋은 선생이자 친구가 되어주자

·

앞으로 쑥쑥 전진하는 때가 있을 것이고, 답보 상태일 때가 있을 것이다. 그리고 내면의 비판자가 너무 강해서 그에게서 권력을 빼앗기에는 자신의 힘이 너무 약한 듯 보이는 때가 있을 것이다.

배우는 과정은 늘 그렇다. 그러므로 스스로에게 너그럽게 대하고 전진할 때는 칭찬하고, 퇴보할 때는 격려하라.

무엇보다 계속하여 당신의 싸움이 전망이 없고 패할 게 뻔하다고 암시하는 비판자의 말은 믿지 말라.

이 여행에서 스스로에게 인내심 있고 너그러운 선생이자 친구가 되어주라.

스스로를 받아들이고 좋아하게 되는 시점은 태어난 이후 생애에서 가장 중요한 날이다. 당신은 다시 한 번 세상에 태어난 것이다. 진정한 삶을 살기 시작하는 날이다.

자신의 몸과
화해하라

"자신의 몸이 마음에 드는가? 거울을 보면 기분이 좋은
가?" 그렇지 않을 것이다. 다른 많은 사람들도 마찬가지
다. 예전에는 주로 사춘기 소녀들과 성인 여성들이 자신
의 신체에 불만이 있었다. 오늘날에는 남자들 중에도 외
모에 불만을 느끼고 여러 가지 방법으로 외모를 가꾸는
데 열심인 사람들이 많아졌다.

외모에 가치를 두어서는 안 되며, 외모는 아무래도 좋
다고 말하는 것이 아니다. 외모를 가꾸는 것이 중요하지

않다고 말하는 것도 아니다.

요즘 지나치게 빗나간 미의 기준으로 인해 열등감을 느끼거나 스스로 매력이 없다고 생각해서는 안 된다는 이야기를 하려는 것이다. 우리의 자존감과 매력이 미, 젊음, 신체의 이상에 얼마나 근접하느냐에 좌우되어서는 안 된다는 것이다. 소위 '신체적 결점'들을 좀 더 주체적이고 여유롭게 대할 수 있어야 한다.

외모로 인해 열등감을 느끼거나 자신이 못났다고 생각하는 사람은 건강에 해로운 다이어트를 하거나, 돈만 많이 들고 효과는 별로 없는 화장품을 구입하거나 성형수술을 받기가 쉽다.

거울을 보는 시선을 바꿔라

•

스스로의 외모가 이상적인 기준에 부합하지는 않지만 매력 있고 호감이 간다고 생각하면, 다른 사람들 역시 당신을 매력 있고 호감 가는 사람으로 느끼게 된다. 당신이 긍정적인 분위기를 발산하기 때문이다.

주름이나 주근깨가 많고 과체중에, 귀가 특이하게 생겼더라도, 그런 모습을 멋지게 생각하고 자신감을 발산하고 수용적인 태도로 살아갈 수도 있다. 그러려면 기본적으로 자신과 자신의 몸을 긍정해야 한다.

> 바뀌어야 하는 것은 거울에 비친 모습이 아니라
>
> 거울을 보는 시선이다.

당신의 매력은 키가 큰가 작은가, 뚱뚱한가 날씬한가, 가슴이 큰가 작은가, 주름이 얼마나 있는가와는 전혀 상관없다. 몇 킬로그램 더 나가고 얼굴에 주름이 있어서 열등감이 느껴지고 심지어 우울증에 걸리는 것이 아니다.

자신이 매력적인지 아닌지는, 당신이 어떤 눈으로 자신의 외모를 보는가, 자신의 몸에 대해 스스로에게 뭐라고 말하는가, 스스로의 몸을 어떤 시각으로 보는지와 관계가 있다.

다이어트, 화장품, 보톡스, 성형수술 없이도 자신의 몸에 대한 생각과 감정을 변화시킬 수 있다. 있는 그대로의 자신을 매력적으로 느낄 수 있다.

통용되는 미의 이상과 거리가 먼데도 아주 멋진 분위기를 발산하며 우아하고 품위 있는 태도를 지닌 사람들을 만나본적이 있을 것이다. 그들이 가진 비밀이 무엇일까? 그들은 자신의 몸을 가지고 살아가는 것이 기분이 좋은 것이다. 그들은 스스로를 매력적이라고 생각하며, 바로 그렇게 느끼기 때문에 매력적인 것이다.

코가 너무 커서 못생겼다고 생각했던 여성 내담자 한 사람은 언젠가 이렇게 말했다.

> "얼굴이 예쁜 편이 아니라, 나는 다른 능력들을 개발했어요.
> 매력적이고 친절하고 유머러스한 사람이 되었죠. 사람들은 나와 함께
> 하는 걸 좋아했어요. 그래서 거리에서 남자들의 시선을 받지 않아도
> 아무렇지도 않게 되었죠."

성형수술을 받기 전에 성형수술이 자신을 거부하는 마음과 부족한 자신감을 치유해줄 수 없다는 점을 생각하

라. 성형수술을 받으면 단기간 외모에 만족할 수 있을지도 모른다. 그러나 금세 다른부분이 마음에 들지 않거나 인공적으로 획득한 아름다움을 다시금 잃을지도 모른다는 두려움을 안고 살아가게 된다.

있는 그대로의 자신을 사랑받을 만하다고 생각하기로 결정할 때만이 스스로를 지속적으로 매력 있다고 느낄 수 있다.

모든 남자들이 여자들을 보는 눈이 똑같다면, 대부분의 여성들은 배우자를 구하지 못할 것이다. 모든 여성들이 남자들을 보는 눈이 똑같다면 대부분의 남자들은 싱글일 것이다.

이 말은 무슨 의미인가? 사람들은 서로 다른 미의 기준과 매력의 기준을 가지고 있다는 것이다. 외모는 한 사람의 매력을 결정하는 많은 특성 중 하나일 따름이다. 인격과 풍기는 분위기 역시 중요한 역할을 한다. 그렇지 않으면 사람들은 거의 짝을 만나지 못할 것이다.

계속하여 거울에 비치는 자신의 모습에 불만족스러워하는 일은 누군가 매일 스무 번 이상 뾰족한 바늘로 당신의 피부를 찌르는 것과 같은 효과를 낸다. 아플 것이고,

지속적으로 당신의 신체에 많은 상처가 남을 것이다.

한 내담자는 그것을 이렇게 표현했다. "나는 미운 사람이었어요. 내 몸을 미워했으니까요."

자신의 신체를 거부하거나 나아가 미워하면, 신체적으로 뿐 아니라 정신적으로도 일그러지게 된다. 이런 일을 원하지 않는다면, 스스로의 신체와 화해하는 것을 배우자. 다음 연습이 도움이 될 것이다.

당신의 몸과 화해하라

•

자신의 몸에서 마음에 들지 않는 부분이 있는가?

벗은 몸으로 거울 앞에 서서, 머리에서 발끝까지 전신을 비추어보며 마음에 들지 않는 신체적 특성들을 메모하라. 당신이 생각하기에 가슴이 너무 작거나 너무 큰가? 코가 너무 작거나 너무 큰가? 입술이 너무 얇은가? 이마에 주름이 있는가? 엉덩이가 너무 큰가? 근육이 단단하지 못한가? 마음에 들지 않는 특성들을 모두 적으라.

마음에 들지 않는다고 생각하는 모든 특성마다 이렇게 자문하라. "누가 그렇게 말을 하는가? 누구랑 비교해서 내 가슴이 너무 작거나 너무 큰가? 가슴이 '너무' 작지만 그럼에도 매력적이고 호감이 가는 사람들을 알고 있는가? 작은 가슴을 좋아하는 사람들을 알고 있는가? 나의 작은 가슴을 좋아하는 사람들이 있는가?" 이런 질문 내지 대답은 소위 문제성 있는 부위를 다른 시각에서 볼 수 있도록 도와줄 것이다.

외모의 어떤 부분이 마음에 드는가?

벗은 몸으로 거울 앞에 서서 머리에서 발끝까지 정확히 보며 이렇게 물으라. "머리카락 오케이? 눈 오케이? 눈썹 오케이? 얼굴색 오케이? 코 오케이? 입술 오케이? 턱 오케이? 손가락 오케이? 손톱 오케이?"

이런 식으로 발끝까지 모든 부분을 훑으라. 마음에 들거나, 최소한 오케이를 한 특성들을 메모하라. 나아가 다른 사람 가령 당신의 배우자에게 당신의 어디를 매력적으로 생각하는지를 묻고, 이를 당신의 리스트에 포함시키라.

몸과 화해하라

마음에 들거나 거부하고 싶은 신체 특성이 적힌 리스트를 손에 들자.

미소를 지으며 마음에 들거나 괜찮다고 생각하는 모든 신체 부위를 다정하게 바라보라. 그리고 큰 소리로 "나는 나의~가 마음에 들어"라고 말하라.

이제 마음에 들지 않는 신체적 특성을 취하여 입술에 미소를 머금고 호의적인 음성으로 이렇게 말하라. "나의 (여기에 당신이 거부해온 신체 부위를 넣으라) ~가 마음에 들지 않아도 난 내가 좋아."

마음에 들지 않는 부분들을 죽 훑으라. 그리고 몸을 포함하여 스스로를 (더) 많이 받아들일 수 있다는 느낌이 들 때까지 이런 연습을 매일 반복하라. 당신의 몸으로 사는 것이 기분이 좋을 때까지, 더 이상 거울을 바라보면서 속이 부글거리지 않을 때까지 말이다.

입었을 때 기분 좋고 스스로를 돋보이게 하는 옷을 입으라

옷이 날개라고 하지 않는가. 옷을 잘 선택하는 것은 키와 몸무게와 외모에 상관없이 당사자의 기분에 상당한 영향을 줄 수 있다. 그러므로 당신을 매력적으로 만들어주는 옷을 골라 구입하라.

당신은
있는 그대로
사랑받을 만한
존재이다.

기억하고 싶은 내용

'나'라는 가장 좋은 친구를
만나러 가는 길

우리는 이제 함께 해온 여행의 마지막에 다다랐다. 이별을 해야 할 시간이다. 이제 당신은 홀로 여행을 계속해나가야 한다. 이 길 끝에서 친구가 당신을 기다리고 있을 것이다. 이런 만남이 일생 동안의 우정으로 이어지기를 진심으로 바란다.

스스로를 사랑하고 존경하는 것은
스스로를 사랑받을 만한 사람으로 여기는 것이다.
느낌이 어떻든 간에
행동과 생각이 어떻든 간에
외모가 어떻든 간에

능력이 어떻든 간에

소득이 적든 많든 간에

다른 사람들이 당신을 거부할지라도

당신은 불완전하지만 행복하고 사랑받을 만한 사람이다

이것이 이제 당신 홀로 해야 하는 여행의 주제다. 내게

경험담을 들려주고 싶다면 당신의 이야기를 내 홈페이지

(www.selbstvertraune-gewinnen.de)로 보내주기 바란다.

좋은 여행이 되기를 바라며

롤프 메르클레

나를 받아들이기 위한 주문,
"생긴 대로 살자"

    자존감이 낮은 사람과 함께 하는 것은 피곤한 일이다. 툭하면 화를 내고, 툭하면 핏대를 세워서 상대로 하여금 무척 조심스럽게 만든다. 이 말을 하면 저 사람이 상처받지 않을까? 말해 놓고도 전전긍긍하게 된다. 반면 자존감이 높은 사람은 유쾌하다. 무슨 말을 해도 쉽게 상처받지 않는다. 아무 말이나 편하게 할 수 있다. 그런 사람과 만나고 나면 힘이 충전되는 느낌이다. 우리 모두는 자존감이 높은 사람이 되고 싶고, 자존감이 높은 사람과 함께 하고 싶다. 그렇다면 왜 누구는 자존감이 높고 누구는 자존감이 낮은 걸까? 자존감이 높아지려면 어떻게 해야 할까?

    여기 자존감을 높이고, 자기 자신을 사랑하게 만드는

책이 있다. 사실 자존감을 주제로 한 책이야 많지만, 그중에서도 이 책은 분량이 길지 않고 안에 읽을거리가 많지 않아 보이는 책이다. 그런데 왜 이 책이 많은 자존감 책 중에서 독일 독자들에게 가장 인기가 있는 걸까?

내가 생각하기에 그것은 이 책에 저자의 진정성이 담겨 있기 때문인 듯하다. 언뜻 간단명료해 보이지만 이 책이 가진 힘은 막강하다. 이 책을 읽다 보면 저자가 그저 그런 읽을거리를 제공하고자 책을 쓴 것이 아니라는 게 느껴진다. 정말로 독자들의 문제를 해결해주겠다는, 정말로 독자들의 자존감을 개선시키겠다는 저자의 강한 의지가 엿보인다고 할까?

저자는 자존감이 낮은 사람, 자신을 사랑하지 못해서 늘 주눅들어 살아가는 사람들에게 구체적이고 실제적인 도움을 주고자 발 벗고 나섰다. 그래서 긴 말이 필요없다. 자신을 변화 시키고 싶은 사람, 낮은 자존감에서 벗어나 자신을 사랑하고 주변 사람들을 사랑하며 살아가고 싶은 사람들에게 자존감을 높이는 비결을 알려주고자 명쾌한 조언을 제시할 뿐이다.

그리고 독자들에게 정말로 인생의 변화를 원한다면 따라 오라고 권한다. 방법은 어렵지 않다. 인내와 꾸준함이 필요할 뿐이다.

나와 친구들은 요즘 부쩍 "생긴 대로 살자"라고 외친다. 나이를 먹어가며 느끼는 것은 우리 모두 성격도 다르고 취향도 다르다는 것이다. 좋아하는 것도 다르고, 행복감을 느끼는 순간도 다 다르다. 내게 좋은 걸 상대에게 강요할 수 없다는 걸 알며, 상대가 좋아 보여 따라했다가 내게 맞지 않아 낭패를 볼 수 있다는 걸 안다. 어릴 적 너무 획일적인 교육을 받아선지 젊은 날엔 늘 '~해야 한다'는 생각의 지배를 받는 경우가 많았다. 그래서 무엇을 하든 '~해야 하는데 내가 왜 이러지?' 하는 생각을 하곤 했다. 그런 생각이 좀 더 강해지면 자신감을 잃고 주눅든 상태로 지내기 쉽다.

그러나 조금 나이가 들어가면서 우리는 각자 자신을 사랑하는 방법을 알게 되었다. 그리고 자신의 행동이 인습이나 타인의 기대에 어긋날 때는 젊을 때처럼 자신을 자책하는 대신 "생긴 대로 살자"라고 하면서 스스로를 받아들일 수 있게 되었다.

이 책을 읽으며 나는 나이를 먹어가며 하나씩 어렵게 터득 해온 방법이 저자의 조언과 부분적으로 맞아떨어지는 것을 보고 빙그레 미소를 지었다. 더 일찌감치 이렇게 자신을 찾고, 자신을 인정했으면 좋았을 텐데 하고 말이다. 좀 더 일찍 내면의 비판자를 친구로 변화시켰더라면 죄책감에 시달리지 않고 더 신나고 유쾌하게 살 수 있었을 텐데 말이다.

이 책을 옮기는 동안 이 작업이 자존감이 낮아 힘들어하는 누군가에게 소중한 도움이 되리라는 생각이 들어 뿌듯했다. 나도 저자처럼 독자들이 이 책에 나오는 방법들을 통해 모두 자기 자신을 소중히 여기고 사랑하게 되길 바라는 마음 간절하다. 자기가 뭘 하면 즐거운 인간이고, 언제 잠을 자고, 언제 커피를 마시면 기분이 좋은지, 어떤 음악을 좋아하고, 어떤 영화를 좋아하는지 등을 깨달아가며 이 책의 조언대로 자신을 행복하게 해주는 사람이 되길 바란다.

누구도 완벽한 사람은 없다.
남에게 인정받기 위한 가짜 '나'를 벗어던지고
진실 된 '나'를 대면하라.

옮긴이 유영미

연세대 독문과와 동 대학원을 졸업했으며 현재 전문번역가로 활동하고 있다.
아동 도서에서부터 인문, 교양과학, 사회과학, 에세이, 기독교 도서에 이르기까지 다양한 분야의
번역작업을 하고 있다. 옮긴 책으로는 《왜 세계의 절반은 굶주리는가》, 《감정사용설명서》,
《불행 피하기 기술》, 《열세 살에 마음 부자가 된 키라》, 《고양이 철학자 루푸스》,
《할아버지와 나의 정원》, 《남자, 죽기로 결심하다》 등이 있다.
2001년 《스파게티에서 발견한 수학의 세계》로 과학기술부 인증 우수과학도서 번역상을 수상했다.

나는 왜 나를 사랑하지 못할까
쉽게 상처받고 주눅 드는 사람들을 위한 자기 사랑의 심리학

지은이 | 롤프 메르클레
옮긴이 | 유영미
펴낸이 | 이동수

초판 1쇄 펴낸 날 | 2014년 3월 24일
개정 1판 1쇄 펴낸 날 | 2020년 11월 30일
개정 2판 1쇄 펴낸 날 | 2023년 10월 14일

책임편집 | 이수
디자인 | ALL design group

펴낸곳 | 생각의날개

주소 | 서울시 강북구 번동 한천로 109길 83, 102동 1102호
전화 | 070-8624-4760
팩스 | 02-987-4760
출판등록 2009년 4월3일 제25100-2009-13호

ISBN | 979-11-85428-75-8 03180